サービス組織化経営論

オンリーワン・プラットフォームの創発

辻 朋子

芙蓉書房出版

まえがき——オンリーワン・プラットフォームの創発に向かって

　本書がオンリーワンというとき、そこにふたつの意味を込めたいと思う。まずは、複数の共同体が互いに惹きつけあう魅力をもつことで誕生する、地球上のある地域をひとつにする連携を指したい。さらには、地域の連携が統合され、互いの共同体に互恵性のある、たったひとつの世界連携が生まれることを指したい。

　しかし、それは外から強制されることであってはならない。人間の営みのおもしろさは、参加するヒトの"心"がどこかで遊びの部分をもちあって、互いに影響され合い、ゆらぎ合いながら統合されることにある。そこに一体感が醸成され、生き物が誕生するように生まれてこそ価値がある。

　こうして生まれる"場"は電子市場のプラットフォーム・ビジネスとよく似た構造をもつ。プラットフォームというのはコンピュータのシステムを設計する基盤という意味で使われ始め、関係とかつながりとかをどう組み換えて新しい価値を創りだすかを中核的な能力とするビジネスモデルである。そして、これからの経済社会ではあらゆるところにこの仕組みをどう創造していくかが課題であると言われる。

　しかし、実際にはそれを構築する方法は著者の識る限り、ほとんど提示されていない。そこで、この本では21世紀を支えると言われるサービスという概念に深い関心をもち、ヒトという経営資源の組み変えを工夫することでサービスが創発されるプロセスを通して、プラットフォームの仕組み

に迫る。サービスを実現しようとする共同体が組織化を進め、一体感を得ていく過程を、資源組み換えの営みである経営ととらえて探究を試みる。それを「サービス組織化経営」という新しい言葉で提案する。

　本文に多出する創発という表現は、さなぎが蝶に成るというような生命的な変容を表すときに使われる。その発想をもとに研究では進化の仕組みのなかで議論を構築した。

　2006年の夏、社会の現場で進みつつあった実験を原理追究にどう結びつかたらいいのかわからず道に迷っていたころ、なにげなく開いた新聞紙上にレオナルド・ダ・ヴィンチによる「聖アンナと聖母子」の絵を見つけた。描かれていたのは子羊とたわむれる幼いイエスを抱き取ろうとするマリアを、その母アンナがひざにのせて見守っている構図である。

　アンナの顔は男のようにも見えるし、女のようでもあり、両性具有的である。そして背景は宇宙の始まりか世界の終末のような景色に描かれている。これを見て感じたのは、アンナから子羊に至る4つの生命連鎖を描くことで、男と女を兼ねた人物で暗示される混沌のなかから宇宙が誕生し、それと相似の仕組みでその後の生命や社会が生みだされたという摂理を、画家は伝えたかったのではいかとないかということだ。

　のめり込むと一途な性格なのでどうしても実物が観たくなる。2007年にルーヴル美術館を訪れ、回廊の壁に見出した本物からは最初に感じた思いをさらに深く実感した。この一枚の絵が研究の根茎になり、宇宙を起点にした生命進化の仕組みを血の通ったヒトの共同体の組織化に置きなおすのが自分の仕事だと確信できるようになっていった。

　以上のような背景のもとに、研究は学生の体験型教育の実践としての、いわば移動大学の社会実験を拠りどころに展開した。それを通して究明したかったのは、アンナの微笑みのような混沌としたなかから、学生と社会という異質性の遭遇を企画すれば、活動の途上では予想もつかないようなオンリーワン・プラットフォームの創発につながる仕組みである。

　大きく言うと人間が生み出す予測不可能な未来への期待感を書きたかったのかもしれない。後で気づいたみると、描いたものは実験とその原理追

究との統合を通して、誰かを排除するのではなく、包摂し合うことで繰り返し生まれる未知のものへの支援になっていったように思う。

　したがって、この本は業績を残すための純粋な学術専門書とは少し違う。地域の活性化や教育システムの変革を目指して社会に必要なサービスを生みだし、それを経営として成り立たせるために試行錯誤する人たちの活動を過程アプローチの立場から率直に記述した。現場の姿をそのままお伝えすることから、読んでくださる方が自身の直面している課題とのつながりを連想し、それまでの予測の範囲を超えた第三の解を発見する一助になることへの期待を込めて執筆した。

　そのために本書はふたつの新奇性を工夫した。第一は共同体組織化の仕組みを可視化する試みである。ビジネス等の進化の仕組みはらせん状に展開するのではないかという予測を語る研究者、実践者には出会ったことはある。しかし、著者の知る限りではそうした議論を目に見える形にした成果物はない。そこで、ダ・ヴィンチのみならず、研究の軸のひとりであるJantschがともに示してくれた4という数字を鍵に、最初のものへと力強く遡るスパイラルモデルによって組織化のメカニズムを表すことを試みた。

　第二はプラットフォームが創発される仕組みを可視化することである。セレンディピティという機能がヒトをつなげる可能性に着目し、「行動しながら学習する」組織の経営指針となる羅針盤を創ることに挑戦した。著者もその一人なのだが、中間支援者として揺れ動く現場の只中にいると自身の属する組織は、今、課題解決に向けてどのあたりに位置し、なにをやっているのかという、「立ち位置」がわからなくなってしまうことが多い。そうした場面で役立つ指針を本論の最後の「まとめ」のなかで提案した。

　研究から得たモデルと経営指針は、自身がかかわる実験現場で戦略提案をする際の大きな拠りどころとなっている。経営指針は社会組織での活用のみならず、企業のCEOからも経営を進める現場での評価を頂いた。さまざまな共同体で役立てて頂ければうれしい。

　本書のなかで魅力という言葉を何回かとり上げたが、これは底が知れず、全体が観えないことでヒトを惹き付け、夢中にさせてしまう力のことであ

る。ヒトは宇宙の始まりにどこかそういうところを感じるのではないだろうか。そして未来もまた、観えないものに向かっていく魅力的なものであって欲しい。異質なモノ、全体が観えないものにモノに恐れずに手を伸ばし、認識領域を探りあうなかでたったひとつの連携を創る勇気や遊び心を人間はずっともっていたい。オンリーワンへと向かう連携はその先が魅力的だからこそ挑戦したいものだと考える。

　本書が形になるには多くの方々のお力を頂いた。実験は東京都多摩地域における商学公市民連携ビジネスがもたらす地域連携、一橋大学の改革が目指す世界連携の試みから考えの道筋を得た。研究は主に神奈川大学大学院経営学研究科での博士論文と、学位取得後の一橋大学大学院社会学研究科市民社会研究教育センターを軸にした活動が基盤となっている。

　しかし、本書の趣旨から言えば、謝辞としてご指導や協働をしてくださったお一人お一人のお名前を掲げるのはあまりそぐわないような気がする。「もう、これで終わってしまうのか」とあきらめかけたときに、必ずどこか思わぬ方向から新たな手が差し伸べられて続いたのがこの実験や研究である。ここでは、さまざまな方々との相互作用がこの活動を創りだし、そのプロセスを本にするために手を貸してくださった方々があったことを心からの感謝を込めてお伝えするにとどめたいと考える。

　最後にこの研究の途上で出合った言葉を掲げて序章への扉を開きたい。「移動大学の実験」を発想し、実践した先人の次のような言葉は、学生と社会との遭遇を企画し続けて行く私の座右にずっと在り続けてくれると思う。

「本当にさわやかで、ニッコリ笑える自己実現は、自分を放念して、価値あるなにかに貢献したときにやってくる。そして、やるからには、人類、ないし、歴史に一石を積め。そして『貢献した』と堂々と心に叫べ。」

　　　　　　　　　　　　　　　　　　　　　　　　（川喜田二郎）

　2010年3月

　　　　　　　　　　　　　　　　　　　　　　　辻　　朋　子

サービス組織化経営論
――オンリーワン・プラットフォームの創発――
目　次

まえがき　*1*

序　章　問題提起 ──────────────────────── *7*

第1章　進化にかかる先行研究と共同体の方向性 ───────── *23*
　第1節　宇宙に共通する自己創出の仕組み　*23*
　第2節　進化の核心としての"心"　*31*
　第3節　棲み分けする共同体に向かって　*35*

第2章　新奇性と既存性との関係から観たネットワークの姿 ───── *41*
　第1節　既存性に基づく必然化の限界　*41*
　第2節　ネットワーク研究に観るゆらぎの構造　*46*
　第3節　新奇性と既存性との共存がもたらす偶然の必然化　*53*

第3章　触媒機能を軸とした共同体進化の実験 ────────── *59*
　第1節　社会背景と実験フェーズ　*59*
　第2節　武蔵野市多目的スペース活用実験　*72*
　第3節　小金井市商工会ビジネスコンテスト活用実験　*87*
　第4節　多摩ひろば棲み分け実験　*98*
　第5節　世界ひろば棲み分け実験　*113*
　第6節　「まれな育種」を探して　*119*

第4章　サービスが創発するプラットフォーム ────────── *125*
　第1節　ゆらぎを契機とした組織化　*125*
　第2節　集団力学による閾値突破　*128*
　第3節　サービスが創りだす"場"　*135*

第5章　共同体の組織化行動 ……………………………… 143
　第1節　経営の原理を通して観た進化行動　*143*
　第2節　共同体と環境との交換が建設するプラットフォーム　*148*
　第3節　サービスが生む期待を超えた経験　*153*
　第4節　"心"が創りだす閾値突破　*159*

終　章　結　語 ………………………………………………… 171

まとめ　学習する共同体の経営指針 ………………………… 177
　　　　　―オンリーワン・プラットフォームへの羅針盤―

引用文献・参考文献　*183*
索　引　*189*

序　章
問題提起

本書の目的

　未来は決められてはいない。課題解決を果たすための閾値突破に向かって共同体の参加者全員の知恵を統合し、潜在可能性のなかから生みだされるものである。本書はこうした視座に立ち、共同体が連携を通してオンリーワン・プラットフォームとなるための仕組み解明を試みる。

　本書がオンリーワンというとき、それにはふたつの意味を込めたい。第一はある共同体が革新的システムを提案し、自らその連結点となることで複数の共同体を統合した独自の地域連携が誕生することへの期待である。第二は地域の仕組みの共有化を図ることで世界をひとつにした唯一の棲み分け構造が生まれることへの期待である。

　革新的システムを提案する最初の共同体は、自らその連結点となることで組織化（organization）の核としての唯一の機能を果たすことになる。他を差別化するこれまでの競争戦略による一人勝ちの構図ではなく、他と包摂し合うことで一体化を創る互恵を目指す組織のリーダーになるという構図が生まれる。そうした連携の仕組みを、参加する人々の"心"がゆらぎあいながら[*1]ひとつになる自己組織化（self-organization）のプロセスとして究明したいと考える[*2]。

また、この研究で言う共同体とは、一組の人間の関係に始まり、地域をはじめとする社会組織、教育機関等の非営利組織、企業等すべての組織を包含したい。そしてそれらがあるとき臨界規模としての閾値（threshold）*3を超え、地域、日本、世界へと連携を広げ、未来を創発していくなかでオンリーワンへと育つ仕組みに迫りたいと思う。具体的な方法は実践科学という意味で著者がかかわってきた「移動大学の実験（ひろば創造実験）」とその原理追究からアプローチしてみたい。

　なお、この本で頻繁に出てくる創発（emergent）という言葉は、哲学辞典によれば、「new and still diveloping」を意味するとされる。特に生物における進化過程での変異に用いる言葉で、昆虫の羽化などを指すときなどに使われる。創出が「モノやコトを新しく創りだすこと」とされているのに比較し、創発は「より生命的な進化の意味のなかでの変容」を示す。本書は自己組織化の仕組みを生命進化の仕組みとしてとらえ、創発の概念を用いることで解明に近づきたいと考える。

　こうした研究の背景には人間が本来もっていたはずの創造性を失っていく人間性喪失社会への警鐘が鳴らされていることがある。人間の創造性とは自分にはないもの、つまり、異質性を許容し、ときには反発しながらも互いに触発し合うなかから潜在していた第三の解を発見する力にある。これはいわばなにもないところから知恵によってその先を生み出す能力といえよう。その意味で創造は創発によってもたらされるものである。

　本書の理論的な柱のひとりであるJantsch（ヤンツ, 1980, p. 211）によれば、「共同体とは自分たちを生かしてくれている環境といかに共生し、互いに持続可能な関係をもち続けるかを組織の責任として取り組んでいる仕組み」だとされる。環境という言葉は狭い意味では自然環境を指すが、Jantschはより広く社会文化環境を含むものとしてとらえている。そして、共同体の責任で、環境に関わる共通の課題を解くことを通して参加者の間に"心"の相互作用から一体感が生まれることが自己組織化の基本の構造だとする。Jantschのいう意味での共同体がヒトが関わりあうなかから自己組織化するなら、そこに創発が生まれると考えてよいだろう。

こうした視点を踏まえ、本書は共同体の仕組み探究を通して、オンリーワンへと向かう共同体にとって、羅針盤となる経営指針を提案したい。21世紀初頭の社会では共同体のもつ共通課題として環境との共生への責任という意味から、収益性と社会性をどう均衡させて経営を進めるかが着目され始めている。こうした問題意識から、著者がこれまで中間支援者として関わってきた学生や教育機関、商工関係者や起業家、行政、市民の連携ビジネスと、その先に見出した大学改革を通したヒトを育てる"場"のあり方の革新を事例とし、共同体に参加する人々の経営指針を導ければと考える。

　このようなスタンスのうえで、研究の起点を Jantsch の著書である、『自己組織化する宇宙』が提起する発想に置いた。そこでは全宇宙を同一始原から進化した仕組みであるととらえ、中心となる論点は連結性にあると述べている。連結性は静的な考え方では把握できないものであり、系を新しい領域に向けて動かしていくという意味での自己組織化ダイナミクスに着目してはじめて理解可能なものであるとする（Jantsch , 1980, p. 8-9）。

　Jantsch の議論では宇宙が自己組織化する仕組みの理論的基盤は、後に触れるプリゴジン（Prigogine, 1987, 201〜204頁）のエントロピーの法則に基づく散逸構造（dissipative structure）*4の原理に求められている。プリゴジンはある種の触媒機能を組み込んだ開放系が平衡から遠く離れた時に起こるゆらぎ（fluctuation）現象に注目する。

　ゆらぎはある状況に置かれると、さらに増幅して、ある臨界規模を超えたときに新体制に移行し、新しい秩序を形成する。そして、「ゆらぎを通した秩序」が宇宙を形づくるあらゆる組織における自己組織化生成の基本の仕組みであることに言及する。

　Jantsch は150億年前にビッグバンという巨大なゆらぎによって宇宙が誕生したとされるとき以来、自己組織化する宇宙は複雑度をあげながらこの過程を繰り返してきたと述べる。そして、その後のあらゆる発展のプロセスで繰り返し、人間の社会や文化を変革するに至る一連の進化の仕組みを提示した。

　このように説明された宇宙進化の過程を概観することで、われわれは宇

宙の進化とは、物理的振動に端を発する、共通のメカニズムに依拠した生命の進化であることを識ることができる。Jantsch（1980, p. 8）は、「機械論的なモデルではなく、生命のモデルを範とするこのような新しい科学の展開は、科学界で完結するものではない」として述べている。

　前掲のプリゴジンは要素還元主義に基づく古典科学にすべての法則が支配されるという考えから脱却し、未来が生む可能性の論証を試みた。彼の仕事について、プリゴジンの前掲書のまえがきで、トフラー（Toffler）はプリゴジンは人生の大半を断片を集めてもとに戻してみることに費やしたと評する[*5]。それは断片をつなぎ合わせて修復することではなく、断片を統合することで修復では得られない第三の解を発見しようとする仕事であると言われる。

　また、リッツア（Ritzer, 2003, 6頁）は20世紀を機械論的世界観に基づく人間性喪失の時代とし、基本的な構成要素を計算による予測可能性に置く。その一方で、21世紀はヒトの創りだす予測不可能性に価値を求める人間性回復の時代であるとする。

　Jantschは複数の研究者の発するこうした生命のモデルは、世界を動かす無数のゆらぎが重なった増幅波であり、多くのできごとを関係した自己組織化の過程であるとする。さらに、これを進化ととらえ、「進化は常に開放的で創造的であり自然プロセスの自己超越には生命の喜びがある」と述べる（Jantsch, 1980, p. 8-9）。

　Jantsch等の考えを識り、生命の喜びという言葉から想起したのは自身が2003年から商学公および市民が連携して創りだすビジネスの中間支援者を務め、同時に2004年に法人化された一橋大学にあって大学改革の中間支援者の役割を果たすなかで学んだことである。仕事を通して経験したのは、実際の連携戦略の現場ではヒトの働きかけが契機となって初動したはずの組織がいつの間にか個の力を超えて生き物のように渦を巻いて動きだすということだ。

　参入するヒトのさまざまな発想や能力が相乗効果を生み、各自の能力をつないで一人歩きを始め、予測不可能な付加価値の誕生をみる。ヒトの意

思を超えたそうした力が存在することを経験の中で体感し、深い驚きを覚えた。

こうした経験をもつようになり、生命体としての地球を意味するガイア（gaia）という言葉の意味を考えてみたいと思うようになった。ガイアはギリシア神話に登場する大地の女神のことであり、英語では生命圏（bio-sphere)という意味に使われる。

一方、Jantsch（1980, p. 9）は、生命はさらなる進化を引き起こすためのマクロ的条件であると同時に、生命圏は自らのミクロ的生命を創りだすものであるとする。そして、ミクロ宇宙とマクロ宇宙とは統合され続ける同一の進化の二側面なのだとし、「宇宙そのものはますます生命化し続けている」（Jantsch, 1980, p. 9）と言う。

そうしてみるならば、実践の現場でわれわれがこれまで充足されていなかったことを新たな機能として生みだすことはごく身近なミクロの宇宙の創発と言えるのではないだろうか。あわせて、それを通して環境との互恵的な関係を保っていくことはミクロな宇宙とよりマクロな宇宙との連結であり、そのプロセスを創り続けることが進化なのではないかと気づいた。われわれは命を連結して生きているのであるなら、人間の共同体の進化は宇宙生成を起点にした生命進化の仕組みで説明することができるだろう。

このようなの発想のもとに本書の大きな構成は、組織進化のうえで、マクロとミクロは連動しながら進化するという立場から構築した。マクロ宇宙の進化過程の説明からはじめ、この仕組みを、一旦、Jantschが言うミクロ宇宙であるヒトの共同体で必要とされる生成物やサービスが創造されるプロセスに置き換える。具体的には著者がかかわっている商学公および市民の連携ビジネスや大学改革の自己組織化の試行錯誤を実験として整理する。

そのうえで共同体の自己組織化が、地域でのローカルな棲み分け構造を達成した後、世界をひとつとするために、互いのグローカルな棲み分に構造を連携していく仕組みに迫りたい。

分析視点

研究目的に添えば、分析視点は大きく分けて次の3点から構成される。

①宇宙生成を起点にした生命進化論（ミクローマクロ・リンク）

　第一の視点は、連結を前提としたミクローマクロ・リンクの追究姿勢にある。研究目的でも述べたように、本書の大きな目的は生命圏をキーワードに、ヒトが契機となることで自己組織化する共同体の本質を追究することにある。

　Nassehi（ナセヒ, 2005, pp. 188-189）のLuhmann（ルーマン）研究によれば、組織のなかに身を置きながら、もうひとりの自分を違った位置から眺める目を持つことで、社会システム機能の複雑性を縮減（reduction）することができるとされる。この場合の眺めるというのは実際に見えるということではない。すでに述べたような意味での実験のなかに参加者として入り込み、同時に契機として方向性を決める存在となることで、あたかも自分をも含めた組織の全体が、鏡に写し出されたように客観的に観えてくる。システム理論は実験と理論を何度も往復することから生まれるということである。

　こうした視座を踏まえてヒトが契機となることで発展する共同体としてのミクロ宇宙と、進化を惹き起こすための条件を自ら創りだすマクロ宇宙との相互作用を探究することを試みる。所属する共同体がマクロ宇宙に連結することを参加者は直接意識することはないかもしれない。しかし、ヒトにとってのすべての接触面を環境と考えれば、それは宇宙にリンクするものであり、そうした環境との共生はさまざまな共同体において課題となっている。課題をより俯瞰的に大きな連結からとらえれば人間性回復社会に向かって試行錯誤するヒトの姿が観えてくる。そのなかで、ヒトの"心"が重なり合い、ゆらぎあうことから共同体の自己組織化が進み、共同体そのものを閾値突破に至らせるという発想を基本に据える。

②相補性

　自己組織化の基本構造を、互いに排他的な概念が互いに惹かれあい、補完しあう相補性に置く。プリゴジン（1987，298〜299頁）によれば、相補性について中心的な考えを示したのはボーア（Bohr）であり、それは、量子力学的解釈において、互いに矛盾するかのように見える量子現象を互いに背反する記述様式の元で現れる事象の側面として把握することが必要とする考えのこととされる。あわせて、このような状況は量子力学のみではなく、生命や意識などの問題においても現れることが述べられている。

　本書の基盤を成す Jantsch は宇宙生命において、自己組織化ダイナミクスの基本は、新奇性（novelty）と既存性（confirmation）[6]との相補性がもたらす自己創出性（autopoiesis）[7]とする。新奇性とはたとえば第3章で記述する実験のフェーズ1からフェーズ3で言えば商店街に入り込む学生を指し、既存性とはすでに存在している認識されているという意味での旧態依然とした商店街を指す。なお、confirmation の日本語訳は、Jantsch の著書日本語版では確立性とされているが、本書の趣旨、および単語の和訳の妥当性から判断し、本書では、以下、既存性と記述する。

　自己創出性によってもたらされる進化とは、相補の繰り返しのなかから第三の解が創られることであるとされ、Jantsch は新奇性と既存性は混在することによって、はじめて実用情報をもたらすことができるという。本書が事例としてとりあげる学生と商店街の関係で言えば、相補性を持つ両者が排他的でありながら、惹かれあい、両組織の統合から、新しいサービス機能が生まれる状況が自己創出性に相当する。

　本書はこうした理論展開を基盤に、既存の有力な考え方のひとつである二元論を否定する立場をとる。組織進化の本質を、相補性によって創発される混沌（chaos）からの秩序（order）の生成（order out of chaos）[8]と置き、実験[9]とその理論づけの相互架橋から実態の解明を試みる。

③社会と経営の接点への着目

　従来の営利組織には社会性が欠け、非営利組織には経済性が欠けているという議論が増している。複数の研究者が、ネクストソサイエティには経済活動と社会活動をともに重視する社会への創り変えが必要だとしている*10。本書はこうした視座に立ち、学問的には定義が確立していないサービスに着目する。そして社会にとって必要だけれども未だ充足されていない機能を人々が試行錯誤しながら社会性を基盤にして発見し、経済性をあわせもつサービスとして暮らしやすさを導くビジネスに育て上げる仕組みを追う。そのことを通して社会そのものがどう変革されていくのかを模索する。

　収益性と社会的意義との統合から経営をとらえる考え方について、この本では Follett（2003, pp. 117-131）の「経営とは収益性と社会に必要なものを与え合うサービスとの統合を目指す協働の科学である」という考え方をもとに考察する。この議論に基づくなら協働の科学という経営のとらえ方は企業にとどまらず社会組織に普遍化できるとされる。そして基本は環境と経営体との相互作用のなかで生態系と人間生活の適切なバランスをとるという考え方に置かれる。

　Follett によればこのことは、経営という仕事が単に生計を立てるためだけのものではなく、新しい社会秩序への貢献であり、将来の社会を形成する潮流に一致していることが重要だと言い換えられている（Follett, 2003, pp. 132-145）。これはいわば市民性や使命感を経営の方向性が決められる場合の大きなよりどころとする考え方であろう。その意味できわめて21世紀的なやり方であり、商学公市民連携ビジネスのようなミクロの共同体から国際的に連携するマクロの共同体に至るまで、今日のビジネスでは重要な観方である。

　本書では Follett の考え方を研究の大きな軸に置き、共同体がサービスを生む意味を追究すると同時に、機能としてのサービスの本質を追究していく。その際、サービスを「人間が関係をもつときに発生する相互的な人間交流活動」（浅井，1989, 271頁）ととらえ、交流活動

が生む期待を超えた経験の仕組みを考える。そのうえで交流活動がJantschの言う"心"の相互作用を促進することで共同体はやる気、一体感を醸成し、閾値突破に至る仕組みに言及したい。社会的アプローチと経営的アプローチの統合を試みることで、参加者の"心"がひとつになり閾値を超えていく仕組みを、どちらかの領域の知識からだけでは識りえなかった共同体の本質として理解する。

方法論

本書では帰納法である実験と演繹法である原理追究とを繰り返すことを通して研究を進める。第3章で紹介する実験は、一般的な実験室における実験科学を示すものではない。実際の社会の現実のなかに参入し、主に観察と経験のなかから未来を発見しようとする試みである。要素還元主義による古典科学における実験とは逆の意味をもち、プリゴジン等の試みと同じ発想による、断片の寄せ集めから第三の意味を発見する作業である。

組織論の先行研究は自己組織化とは、新奇性と既存性の混在を創りだし、混沌からの秩序を通して付加価値が創出される過程の繰り返しであるとする。このように、あらかじめ設定された目的のない自己組織化の探索のような過程アプローチの研究では、原理に依拠した問題意識をもったうえで、現実社会のなかに参入し、問題解決や創造活動を実験ととらえて実践することが意味をもつ。なお、本書ではヒトや組織の遭遇を企画し、組織自身が向かう方向性を創発するための連結点の役割を果すヒトを、それがもつ触媒機能を重視して中間媒介者[*11]と呼ぶこととする。

大学教育の場を自然の中に開放する試みとして日本各地で移動大学[*12]の実験を展開してきた川喜田（1977, 7頁）によれば、実験の目的は地域の環境問題解決、ヒトの心の健全性回復、参加社会を創るための参加型組織づくりへのミニマムな挑戦にあるという。

この試みは「ひろばの創造」と呼ばれた。移動大学の活動はうまくセッションがもたれると、コンミューンに近い連帯感の渦巻くひろばの感じになるという。ひろばとは「人間の触れ合いのなかからなにか新しい息吹が

発生し、皆でお祭りをやりたくなるような場」を意味する川喜田（1977, 186頁）。

　本研究の実験は、敵も味方も許容し、ある意味で遊びの要素を含む活動のなかから新しい視点が観えてくるようなところで、川喜田の移動大学と本質的に似た性格をもつ。そこで実験室での科学実験と区別し、以下、本書の実験を「ひろば創造実験」と呼ぶこととする[*13]。

　本書における「ひろば創造実験」のデータ集めは、すでに2003年の「商学公連携事業」に始まっていた（辻，2006，17～21頁）。「商学公連携事業」という呼び方は自治体や商工が主体となり、主に商店街活性化に学生活動を導入する施策に使われていた名称であるため、市民という言葉がここに入っていないことを注記しておきたい。

　本書で紹介する実験は活動開始当初は「商学公連携事業」という名称も識らず、「学生参加のまちづくりプロジェクト」と呼んでいた。最初は参加者たち自身、関わり方もよく分からないまま、社会にとっての必要性だけをどこかで確信して始めた活動だった。したがって著者にとってもこれが長期に渡るデータ集めの最初になると気づいたのは後のことである。

　ここを起点に「ひろば創造実験」は繰り返されることになった。そして、そこに中間媒介者として参加してきた著者は、それまでにもっていた中小企業診断士の力だけでは組織進化の全貌を把握するには不十分であることに気づいた。そこで「ひろば創造実験」の意味を原理追究するために社会人として大学院での研究活動を開始した。「考えながら、創り」「創りながら、考える」という本研究の基本的設計が出来上がり、そうして至った現段階の過程の姿が本書である。

本文概要

■第1章　進化にかかる先行研究と共同体の方向性
　生命の進化を基盤に置くマクロの宇宙論から考えれば、人間社会の自己組織化はヒトが契機となって触媒機能を果たすことで閾値突破する速度を

速める。一方、組織にとっての潜在する課題を洞察し、それを解決することを問題意識としてもって行動することで普通は見過ごされてしまうような解決の糸口となるなにかを発見する能力、あるいは機能をセレンディピティ（serendipity）という（澤泉, 2002, 12頁）。

　未来創発に絡めて言うなら、セレンディピティは社会が健全に進むべき方向とずれ始めたときに、そのきしみを小さなゆらぎとしていち早く気づき、解決の糸口としてヒトの組織の関係性をいかに組み替えるかを発見する能力を指す。関係を組みかえることでその後の新しい相関が導かれ、ゆらぎを増幅され、この働きがなかった既存の社会とは異なった状況が創りだされる。

　本章ではセレンディピティが契機になり、触媒機能を発揮することで自己組織化が進む様子をプリゴジンの考えに基づいた散逸構造の図から解説する。なお、Jantsch はこの散逸構造のモデルを用いて生命一般の進化を説明している。本書では次章以下でこうした生命一般の共生モデルを、触媒機能がもたらす相互進化の働きを軸に人間の共同体の連携に置き換えていく。

■第2章　新奇性と既存性との関係から観たネットワークの姿

　本章はネットワークが進化するための特性を紹介する。自己組織化には、新奇性を目指すセレンディピティ指向型ネットワークと既存性を目指す目的追究指向型ネットワークとの相補関係が必要である。セレンディピティの能力をもつヒトが複数のネットワークの周辺に位置すると、課題解決に向けてセレンディピティ機能のまわりにヒトが集まる現象が起き、時間経過とともに関与する全てのネットワークが統合に向かう。組織進化はこうしたネットワークの特性によって、創造性の展開、停滞、次段階の展開を繰り返すことでスパイラルの構造を描きながら進化することを示す。

■第3章　触媒機能を軸とした共同体進化の実験

　「ひろば創造実験」を通して学生と地域、そして学生と世界との相互求

め合いが生む協働に参入することから、共同体進化の仕組みを探究する。実験の展開は時間、空間に添ってそれぞれのひろばがもつセレンディピティを発見するシステムの特性から4フェーズに区分した（フェーズ1：武蔵野市多目的スペース活用実験／セレンディピティ発見システム「不在型」、フェーズ2：小金井市商工会ビジネスコンテスト活用実験／セレンディピティ発見システム「特殊型」、フェーズ3：多摩ひろば棲み分け実験／セレンディピティ発見システム「統合型」、フェーズ4：世界ひろば棲み分け実験／セレンディピティ発見システム「普遍型」から次段階「不在型」への架橋）。

　実験では進化論の立場から、環境と互恵性のあるサービス創発に向けてセレンディピティの機能が発揮され、1〜4のフェーズが時間を共有し合いながら自然プロセスの状態では起きなかった相互進化を果たし統合を繰り返すことを検証する。次に仕組みをスパイラルの内側から観ることを試みる。サービスの創発は参加者間の相互刺激から起こる"心"の組織化と同時進行で進む。こうしたプロセスのなかで一体感が醸成され、組織の仕組みであるスパイラルの構造を膨張させ、共同体は閾値突破を繰り返すことを明らかにする。

■第4章　サービスが創発するプラットフォーム
　実験の結果をプリゴジンの散逸構造を用いて原理追究する。ひろば、すなわちセレンディピティ発見システムそのものとしての"場"の創発プロセスは、新奇性と既存性との関係性が創る、触媒ループ、ネットワークの共時性、集団の力学から説明する自己組織化の仕組みである。一方、サービスは受け手にとっては財貨と活動を包含した便益の束（bundle of benefits）であることを紹介する。これらの考え方をもとに第1章で示した生成物やサービスの交換による生命の共生の一般モデルを、サービス創発によって組織化される共同体のプラットフォーム・ビジネスの仕組みとして説明する。

序章　問題提起

■第5章　共同体の組織化行動

　経営は組織にとって収益性と社会に必要なもの与え合うサービスとの統合を創りだす自己組織化のプロセスである。これは生命的な進化行動で表わすと、共通課題の解決を通した閾値突破の仕組みと観ることができる。参加者の認識領域の探り合いが、組織のゆらぎを増幅させ、互いが期待以上の経験を交換する連環プロセスのなかで一体感が醸成されるなら、閾値突破とともにサービスが創発される。そしてサービスの手順化、定着を経て次段階の課題が発見される。この仕組みは異なるものが補い合って進むという相補性から説明するなら、ヒーロー型の革新が草の根型の革新に受け入れられながら協働する問題探索型の進化行動である。これが Jantsch の言う「行動するなかで学習する（learning by doing）」共同体の実態であり、その仕組みは企業、社会組織等、多様な共同体にとって共通な経営の原理であることを考察する。

■終章　結語

　期待を超えた経験を相互交換するサービス創発の連環プロセスを通して、参加者の"心"がゆらぎながらひとつの方向に向かう仕組みが組織化の実態である。こうしたプロセスから参加者全員の知恵を統合して生み出されるのが世界連携に向かう棲み分け構造としてのオンリーワン・プラットフォームである。

■まとめ　学習する共同体の経営指針
　　　　　―オンリーワン・プラットフォームへの羅針盤―

　学習する共同体が創発する自己組織化がサービス組織化経営の連携プロセスを創る。こうした連携によってオンリーワン・プラットフォームを目指すための経営指針を3つにまとめる。

＊
1　ゆらぎ　一般には「波動し、変動し、ざわつきながら一定のリズムをもってく

ること」。物理学的には「系に働く熱力学力が線形領域を超えたときに、定常状態の安定性が保たれなくなり、増幅されて系全体に広がる微視的対流」(プリゴジン, 1987, 201頁, 204頁)。本論では自己組織化の誘引となる社会にとってのなんらかの違和感のある現象をゆらぎと解釈する。プリゴジン(1987, 246頁)。
2 **自己組織化** 系における層流から乱流への移行の過程。系に働く熱力学力が線形領域を超えるある状態では、系やその環境によって惹き起こされるゆらぎのうちの、あるゆらぎは減衰せず増幅されて、系全体を巻き込み、エントロピー生成に対応した質的に安定状態とはまったく異なった新しい領域に向かって系を動かす過程を指す(プリゴジン, 1987, 201頁, 223頁, 204頁)。仕組みは本書第1章で詳述する。
3 **閾値** ゆらぎが平衡や平衡に近い系を特徴づけている正常で安定な挙動とは異なる新しい挙動を起こせるような、平衡からの距離(プリゴジン, 1987, 201頁)とされる。この言葉は心理学、生理学でも用いられる用語であり、それらの場合には刺激の有無や変化に対して、反応が出現ないし移行する境界点とされる。
4 **散逸構造** 熱力学の第二法則に基づき、エントロピーの増大にともなって物質が非平衡状態のある構造から平衡状態別の構造に移り変わる、自己組織化の最大値あたりの構造を示す。本書では散逸構造のあたりの自己組織化、つまり自己創出性の最大値を閾値と置く。
5 プリゴジンの仕事について、トフラーは「この研究者は、宇宙のある部分は機械のように動くであろうが、それは閉じた系であり、現象の大半はたえずゆらいでいる部分系を含んでいることを論証した」と評価する。
6 **新奇性と既存性** 実用情報を構成するふたつの相補的な側面。新奇性と既存性が遭遇し、新奇性が既存性に変え続けられる過程で自己組織化が進み、自己創出性としての付加価値が生まれる。
7 **自己創出性** 実用情報のモデルに非平衡、ないし、平衡モデルを対応させると、既存度100%の状態は熱力学的平衡に対応する。新奇度100%の状況は、不安定なフェーズのことで確率論的プロセスが元の構造を確立するのはやめたが、未だ新たな創造を創りだすにはいたっていない状態に相当するとされる。両者の間、100%の新奇度と100%の既存度との間に、自己創出構造が位置づけられる(Jantsch, 1987, pp. 117-119)。
8 "order out of chaos" はプリゴジン著『混沌からの秩序』(みすず書房, 1987) の原題である。
9 混在を創りだし経験と観察から本質に迫るのが本書の実験である。Follett (1949, pp. 95-116, 2003, pp. 50-53)によれば、「問題の依拠する原則を確認し、次に実験して結果を見届け、さらに結果を収集し、理論化することで社会に対して責任的態度をとることができる」とされている。プリゴジン(1987, 298〜299頁)では、ボーアは実験についてわれわれが何かを識る事ができるのは、いわ

ば役者と観客との両方の役割を果たすからであると言ったことが示される。基本的な諸原則を識るという観客の役割を経て、役者となって論理的に設計したことを実践で検証する。その過程を再び、観客となって眺め、あわせて、結果を論理的に整理し、次段階の実験に向かうのである。Follett、ボーアの言う実験と Luhmann の言う観察を比較すると、三者は意味のうえで重なるところがあると言えよう。

10 林（2007，46〜49頁）は未来に向けての経営課題に言及し、「経営主体としての企業は経済性をまったく無視することはありえないし、社会生活を営む人間集団という要素を欠くことはない」とする。そして、両者のバランスを取るなかで「経営内の心の信頼関係をつくり、企業に共同体的要素を求める参加者のモチベーションを高めることが重要である」と指摘する。

11 **中間媒介者**　一般に媒介者、媒介物、なにかを仲介する存在を intermediary という。林大樹はこのことから組織間連携を支援し、進めるこうした存在を intermediary と呼んで議論する。そこから連想し、本書では「組織の遭遇を企画、実現し、進むべき方向を示す役割を担うヒト」を、その触媒機能に着目し中間媒介者と呼ぶ。

12 移動大学では、共通課題に向けて参加者の意見が集積され、まとまるなかで、集団に連帯感が生じることが報告されている。

13 **ひろば創造実験**　川喜田は、「移動大学の実験」の特性について社会科学における過程アプローチの実験は、あいまいに立上ってくる組織生成過程に入り込み、データを集めて、そこからなんらかのストーリーを発見する仕組みだと述べている（1977，3〜62頁）。したがって移動大学の実験は自然科学の実験のようにあらかじめ設定された目的に向けて、仮説を立てて、仮説を立証するためのデータを集める科学実験とは異なる。本書の「ひろば創造実験」も共同体の活動に参加しながら仕組みの大枠を識るという過程アプローチの研究であり、その意味で川喜田の示す実験手法に拠った。

第1章
進化にかかる先行研究と共同体の方向性

第1節　宇宙に共通する自己創出の仕組み

1　生命の連結としての宇宙論

　Jantsch によれば宇宙はひとつの巨大なゆらぎを始原として誕生した。そして宇宙に存在するあらゆる仕組みを巻き込んで、同一の自己創出構造を繰り返しながら発展を続けていると言う。本書はこうした Jantsch による研究を人間社会に置き換えることで、ヒトが契機となって自己組織化する共同体の本質を追究したいと考える。

　本章では、まず組織に自己組織化をもたらす基本の構造である自己創出性[*1]の仕組みについて Jantsch の考えに基づいて紹介する。Jantsch が示した一般的な散逸構造の仕組みの説明ではがヒトの共同体ではどう置き換えられ、その結果、ヒトはどういう進化の方向をたどろうとしているのかを模索する。なお、Jantsch が議論する自己創出性の説明では、その著書の日本語訳に添って創発ではなく創出と言う言葉を用いる。

　Jantsch はすでに述べたように、自己組織化する宇宙の論拠をプリゴジンの散逸構造の理論に置いている。プリゴジンによれば自己組織化の仕組みの説明を導入する事例は、台所にある大きくて浅いなべである。これに

液体を入れ、下から均等に熱してみると、やがて正六角形の泡ができてくる。彼はこのことによって熱せられる前の水が温度は均一の熱的平衡状態にあったものが、なべのそこからの熱の伝導によって、水がある臨界温度勾配を超えることで、熱的に非平衡な状態になったことを説明する。

　なべの底がさらに熱くなって、熱勾配がもっと急になるとある点を境に水は対流、つまり熱勾配が動的になる。はじめのうち、ごく小さな対流はまわりから抑制されているが、熱勾配が在る臨界点をすぎると、ゆらぎが伝導から対流へと、突然、動的体制が移り変わる。そして、ミクロのランダム性を経て巨大なマクロ的な分子流が生ずるとする。

　これは周囲の環境との熱交換によってひとつのマクロ的なゆらぎとも考えられる秩序が突然形成されたことを意味する（Jantsch, pp. 21−27）。この構造化現象は分子を擬人化するならば、彼らにとってはより高次レベルで起こった正体のよくわからない協同現象である。これが散逸構造と呼ばれるものである。プリゴジン（1984, 24〜32頁, 1987, 47〜48頁, 1999, 48〜75頁）はその仕組みについて探究を試み、自発的に構造が出現する「ゆらぎを通した秩序」について熱力学の第二法則から解き明かした。熱力学の第二法則とは1850年ごろにまとめられた発見であり、宇宙には熱的な死に向かう避けがたいエネルギーの損失があり、その方向に添っていわゆるエントロピーは増大する一方であるという考え方である。Jantsch によればエントロピーとは「全エネルギーのうち、自由に利用できず、方向をもつエネルギー流や仕事のかたちでは使えない部分を計る尺度」（Jantsch, pp. 82-83）とされている。

　プリゴジンはこうした発見を踏まえたうえで、エントロピーを増大に向かわせる原子や分子の集団をひとつの系として理解するには、あらかじめ結果がわかり逆算できる可逆な単独の要素の挙動からだけでは説明がつかないことをあきらかにした。ひとつの系の全体構造は原子や分子の相関が繰り返されるなかで創りだされる不可逆な反応であり、これは時間の向きに添って一方通行に進むものと考えなければ理解できないことを解き明かした。そしてこれをもとにさまざまな宇宙の仕組みに共通する自己組織化

の構造は系が系を生んでいく自己創出性を特徴とすることを解明したのである。

Jantschはこのようなプリゴジンの証明を基盤にして宇宙生成の仕組みを説明した。それによると自己創出性の基盤は新奇性と既存性との相補性がもたらす自己創出構造にあるとされる。これを論拠に散逸構造は宇宙の始まりであるとされる無生物世界を経て、星の誕生からその後のあらゆる発展のプロセスで繰り返され、人間の社会や文化を変革するに至る一連の進化の仕組みが成立したという議論を展開した。

この説明では散逸構造の過程で繰り返されてきたことそのものが進化であるとし、3つの主要な自己創出的存在を区別している（Jantsch, pp. 55-74）。その第一ステージは何もなかった空間に散逸構造が起こり、散逸構造の標準モデルにしたがって星が誕生したことである。

第二ステージはその星に原核生物の誕生をみたことである。星において繰り返された化学的、生化学的散逸構造から進化を続けた原始細胞は、高次レベルで核酸およびたんぱく質の機能を協同させたり分離させたりする仕組みを獲得した。こうした細胞の調整機能は複雑な代謝プロセスの発達過程を経て、核が分かれていない単細胞生物である原核生物にたどり着く。

第三ステージは真核生物の誕生である。原核生物はさらに長い時間を経て、遺伝物質を集めて組織化した染色体を構成要素とした、真の細胞核を持った細胞の出現に至るとする。

このようにして歴史の流れを俯瞰的に観ると、Jantschの自己組織化する宇宙論とは、宇宙生命の進化の証明の物語であり、生命の連結性の解明であることが理解できる。以上を前置きとして次項では連結の基本の仕組みである自己創出構造についてさらに探究していく。

2　自己組織化を生む自己創出構造
（1）自己創出構造のモデル

宇宙生命の進化を惹き起こす自己組織化の仕組みについて、序章で述べたようにJantschはプリゴジンのいう、散逸構造がもたらす自己創出性

に求めている。自己組織化プロセスを惹き起こし、維持するのは、なんらかの非平衡の状態である。「生命でいえば、平衡は停滞、ないしは死を意味し、非平衡は、生きて成長している状態を指す。自転車がよろけながらも、止まらずに走っている状態を考えれば、想像できるであろう」とJantsch（1980, pp. 50-52）はいう。

　自己創出性を惹き起こす起点としての散逸構造については第4章で詳述するが、これは「システムが周囲の環境と交換を続けること」が基本であるとされる。「エネルギーや物質の流れを自ら維持し、長期にわたって、グローバル、つまり大域な安定構造を自分で組織化していくような、物理化学反応システムが狭義の散逸構造である」と Jantsch（1980, pp. 50-52）は言う。散逸という名称は絶えずエントロピーを生産し、それを外部に放出し続けるので命名された。

　Jantsch（1980, pp. 50-53）はこうしたゆらぎを通した秩序の仕組みの理解には、エルンスト、およびワイゼッカーが提案したモデルがうってつけであるとしている。そこで、このモデルを活用し、さらにその図にヒトが契機となって自己創出性がさらに促進される様子を加筆したものが図表1-1である。

　この原図について Jantsch（1980, pp. 50-53）は次のように説明する。横軸は新奇性と既存性との度合いをあらわす。縦軸は実用情報創出の度合いである。実用情報とは本研究では、第4章で定義するサービスにあたる。実用情報は散逸構造が進む領域、とりわけ生命の領域では一方的なプロセスで移送されないで、連環のプロセスで交換される。さらにこの交換（exchange）は特定の意味を持つ文脈のなかで実現されると言う。

　機械なら、あるニュースを受け取っても姿勢を変えることはなく、以後も似たようなニュースが来ると見込んでいるはずだ。ところがヒトは状況によって姿勢を変える。たとえば、このことは「台風が発達していると聞けば、半日後にその地方で大きな被害が出たと聞いても驚きはしない。予想もしなかった地震で被害が出たと聞いたとき、驚くのだ」と説明される（Jantsch , 1980, p. 51）。

第1章　進化にかかる先行研究と共同体の方向性

図表1-1　自己創出構造とセレンディピティの役割

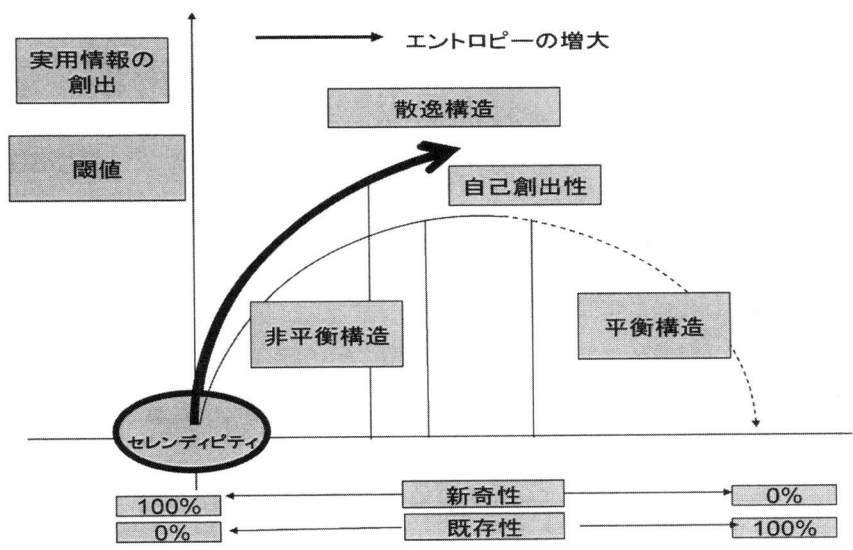

出所: Jantsch, E., *The Self-Organizing Universe*, Pergamon Press Ltd., 1980, p. 52 に加筆。
加筆箇所：serendipity、太字矢印。閾値（instability threshold）の位置づけ（原典ではinstability thresholdは「不安定性の閾」「ある構造が、他の構造に移転する散逸構造のあたりの、不安定な閾値」という、二つの意味に使われている。本書はこれを踏まえたうえで同語句を、「ある構造が他の構造に移転する散逸構造のあたりの自己創発性の最大値」としてとらえ、同語句の位置を原典より上部に移動した。）

　生命体が周囲の環境と交換を続けることが自己創出的システムの特徴であり、各構造は同時に情報の送り手であり、受け手である。実用情報は情報の送り手と受け手とを互いに変化させ合うので、構造がもつ潜在力（potential）をも変化させることになる。
　こうして、生命体の間での状況のやりとりがもたらす文脈に添って、実用情報は不安定な混沌とした状態の闇から脱し、より両者の求めるところを一致させる方向に向かって、レベルをあげていく。第3章を先取りする

なら、ヒトのやりとりを通して、組織間の関係性が整理され、実用情報として、必要とされるサービス機能が誕生する。この過程が、両者の関係が小さなゆらぎから散逸構造に向かう上り坂と理解できよう。

こうしてみるならば、散逸構造とは新奇度と既存度とが対立しながらも、惹き付けられあって新奇性を既存性に変え続けることから導かれるものと考えられる。新奇性100％の状態に始まって新奇性と既存性が均衡する状態が散逸構造であるとも言えよう。散逸構造、すなわち新奇性と既存性との相補性が均衡に至る状態とは、ひとつの課題解決能力が生み出される自己創出性の最大の状態であるとJantschは言う（Jantsch, 1980, p. 53）。この頂点においてサービス機能が創発される。これが進化の道筋の基本であり、小さなゆらぎが増幅しながらここに至る領域が不安定性の閾とされる。プリゴジンはこの図の左半分で示される、こうした自己創出性の増大局面を自己組織化の主たる過程と位置づける（プリゴジン, 1987, 7～11頁）。

この議論を踏まえれば、「ある構造が他の構造に転移する散逸構造のあたりの自己創出性の最大値」を閾値（threshold）ととらえることができる。そして、閾値を過ぎると既存度100％の平衡状態へ向かって自己創出性は減少し続ける。これを Jantsch は一つの構造の他の構造への転移として説明する。

(2) セレンディピティの役割

ここで、再度、先ほど、図中に加筆したセレンディピティの意味について言及してみたい。散逸構造の発生の要件は、ある種の触媒作用、開放系、平衡から遠く離れた状態の3点と言われる。しかし、この原図をよく眺めて気づくのは、なんらかの触媒が契機として自己創出の始まりを惹き起こすと説明された、肝心の触媒の存在が明示されていないことである。

Jantsch はさまざまな自己組織化が出現する基本条件は触媒作用によるといっている。この点について Jantsch は開放的な進化の展開とともに自己組織化が自発的に進む最も単純な例であるとする。さらにこの種の構

造が自発的に形成されるためには、周囲の環境とのエネルギー、物質交換に関する開放性、平衡から遠く離れた状態、反応鎖における、次に説明するような自己触媒（autocatalysis）的、および相互触媒（crosscatalysis）的ステップの存在が必要であることをあげている（Jantsch, 1980, pp. 99-102）。

　これらの要件がそろうと、結果として与えられた基準値との差を消すのではなく、逆にそれを増大させるような行動が起こる。世界の人口爆発やその他の成長要因を惹き起こすのはこれであり、同時に世界的経済危機のようなマイナスの創発行為の基本要素とも考えられている。自己触媒は反応に加わる分子のうち、自分自身と同じ分子をつくるために自分自身を必要とするものであり、相互触媒は別の中間分子をつくったうえで、自分自身をつくるものを指す触媒機能とされる（Jantsch, 1980, pp. 101-102）。

　そこで、ゆらぎを増幅させるために必要な触媒として加筆したのがセレンディピティである。澤泉（2002, 12頁）によれば、この言葉は1754年にイギリスの文筆家ウイポールが創作した造語であり、概要は序章で紹介した。本研究に引き寄せてさらに説明を加えるなら環境に潜在する課題を察知し、解決に向かって試行錯誤するなかで、第三者から観るとあたかも偶然に見つかったとも思えるような展開のなかで思わぬところに解決する糸口を発見する能力のことである。

　自己創出構造に重ねて言うならば、セレンディピティは、組織が健全性からずれ始める小さなゆらぎを感知し、課題解決に向けて触媒となって働く。そのことを通して通常の状態では起きなかった組織の関係性組み換えを発見し、活動を促進する能力である。それによって組織の自己組織化が進み、自然環境、社会文化環境が健全な方向に軌道修正され、この働きがなかった既存の状況とは異なった環境が創りだされる。

　以上の情報を元に、Jantschの原図（Jantsch, 1980, p. 52）に自己創出の起点としてセレンディピティを加筆した。こうすることで、図表1-1はセレンディピティがなかった場合に比べて、触媒作用によって自己創出の速度が速まることを示す概念図になる。物理学的にいう自己創出構造に

セレンディピティの働きを絡めながら、本書では次章以降でこれを人間の社会にあてはめて種々異なった切り口から組織化の仕組みを明らかにしていく。

3　共生の段階としての3つの進化

　Jantsch の力を借りながら、われわれは自己創出構造は宇宙誕生を始原として、あらゆる空間、時間のなかにゆらぎを起こし、繰り返されてきたことを識った。無数の自己組織化が起こり、無生物世界であった宇宙は、生命の連結する世界へと導かれたのである。生命発生にたどり着き、生命同士の交換による、自己創出構造によって、生命はますます安定的に実用情報を手にいれるようになってきた。

　ここで改めて自己創出構造が宇宙進化を3つの段階に区分して、展開してきたことを整理しておきたい。大まかに本章冒頭でも述べたが、以下では、宇宙は複雑さを増すために三度に渡って再出発を繰り返してきた仕組みを詳述する。

　まず、第一の段階は「宇宙進化」と呼ばれる。Jantsch によればこれは、「物理力の相互作用が個体発生を調整し、その結果、主として物質の凝縮が起こり、惑星系が生まれ、複雑さが増大する」過程である（Jantsch , 1980, pp. 90-101）。

　「制御されながら長時間、燃え続けるわれわれの太陽のような小さな星は、炭素の系統発生に依存したカーボン・サイクルによって燃焼を保証される。そうした制御される燃焼が惑星のうえでの生物化を促進する」として、宇宙に生命が誕生することが示唆される（Jantsch, 1980, pp. 90-101）。

　第二の段階は地球上での生命発生とともに始まる、「社会生物進化」と呼ばれるものであるとされる。初めて宇宙の歴史のなかに地球が登場し、地球における生命誕生が始まる。まず原核生物による、地球表面と大気圏の改造が始まる。その後に、真核生物による組織が現われ、コミュニケーションのプロセスが誕生する（Jantsch, 1980, pp. 99-102）。

　時間軸に沿った情報移送がコミュニケーションによって始まり、生きた

第1章　進化にかかる先行研究と共同体の方向性

生態系が動的関係の歴史を持った時空構造としてとらえられるようになる。生態系内で経験が動的ルールとなって移送され、蓄積され、たとえば、アリ塚では温度制御や換気といった環境プロセスとの関係機能を充たした構築が行われるようになる（Jantsch, 1980, p. 120）。

第三のステージは「社会文化進化」と呼ばれる。この段階では、ミクロ進化として、外世界の分化が、象徴的なレベルでの個体の内世界における分化を創りだす。社会分化進化では個体に精神や社会性が備わり、マクロ進化に対して共同責任を持つようになることをJantschは強調する。

「精神作用による自己創出構造が現れ、それは関係を包含する独自のシステムを創り上げ、これが共同体（community）や社会、文明といった社会文化的マクロシステムに翻訳される」のであるとされる。それだけではなく、「神経段階の進化は建造物や機械や道路といった平衡状態の世界を創りあげ、農業の導入といった生態系への創造的な干渉もするようになる」とされる（Jantsch, 1980, pp. 99-102）。

これが知的生命体としてのヒトが、自ら主体となって関わる環境との共生の始まりであると位置づけられよう。3つの進化段階を識ることで「地球上の生命を宇宙の文脈のなかに位置づけることができるはずである」とJantschは結ぶ（Jantsch, 1980, pp. 210-211）。

このようにして、宇宙の進化に連鎖する存在として長い時間を経て社会文化進化の段階に達したヒトは、互いに助け合って生き合うという意味での共生を繰り返してきた。次節ではそのプロセスでヒトはどのようにして"心"というものを獲得するのかを探究する。

第2節　進化の核心としての"心"

1　生成物やサービスを媒介にした共生

宇宙進化のなかで地球に生命が誕生し、発展するようになったのは、「社会生物進化」と、それに続く「社会文化進化」の段階である。前節ですでに述べたように、生命発生以前と以降との最も大きな違いは、真核生

物以降の生命は自己組織化機構を持ち、それに基づいたコミュニケーションプロセスを獲得したということにある。

　本書の視座をもう一度確認しておくと、一般論として説明してきたセレンディピティによって自己創出構造が促進される仕組みが、ヒトの共同体の仕組みへと、いかに転換できるかを探ることにある。この転換を意識すれば、生物がコミュニケーションを得たことによる画期的な進展は組織を単位として生きる共生が可能になったことである。Jantschはコミュニケーションとは生産物や知識があるシステムからあるシステムに移送されることではないとする。それはあるシステムの認識領域ないしは"心"が、相手の自己提示によって再編成され、同時に相手の対応するプロセスも再編成されることから生まれるものであると言う。

　そうした前提のうえでは、コミュニケーションが共生に至る段階分けを把握するために2つのステージが区別されている（Jantsch, 1980, p. 203）。第一ステージは最も原初的な段階であり、ここで示されるのは、ある自己創出構造としての組織と、協同の仕組みをもっていない分子からなる環境との交換である。この関係はあまり色のない言い方として、単に相互作用（interaction）と呼ばれる。この場合は自己創出構造の方は、どのような相互作用を続けねばならないか認識しているが、周りの環境の方には対応する認識領域がないので認識は一方通行である。

　そして、これを基準にするならば、第二ステージとして、組織とまわりの環境や個体の相互交換プロセスについて、自己創出構造間で交換が行われる場合があげられる。その場合の共有された認識領域は共生（symbiosis）と置かれる。共生はさらに分割されて、コミュニケーション、狭義の共生、融合と分類される（Jantsch, 1980, pp. 202-207）。

　コミュニケーションは双方の自治が保たれている場合に、「あるシステムがもつプロセスである認識領域が相手のシステムの自己提示によって再編成され、同時に相手の対応するプロセスも再編成される関係」とされる（Jantsch, 1980, pp. 202-203）。Jantschによれば、このようにして自己創出構造が促進する相互作用の認識領域が十分重なっているときに成立す

るのがコミュニケーションである。そして「相互作用プロセスの集合が"心"」なのだと考えられている。

そして、狭義の共生はふたつの自己創出構造間の交換に生成物（products）やサービス（services）の基本的相互利用が認められる場合の関係であるとされる。融合（fusion）については、Jantschによる説明は付加されていないが、狭義の共生が進展し、生成物やサービスの相互利用の組織が何らかの形で統合され、より上位の概念のなかでサービス等をやり取りしていた双方の組織が一体化し、ひとつになる関係と考えられる。

このうちの狭義の共生について、関係を示す原図をほぼそのまま転記したものが図表1-2である。Jantschによる共生の考え方とこの図表を、ヒトの共同体に置き換えていくのが本書の仕事と言うこともできる。

そうした作業を前提とするなら、ヒトの共生とは、「ヒトが生成物、サービスを媒介にした相互作用プロセスの集合としての"心"を介して、ともに生きていくこと」と定義することができる。あわせて、ヒトの共同体[*2]の定義として、「共生を共有ルールとして統合され、より上位概念での新しいレベルの自治をつくりあげる組織」と考えることが許されるだろう。

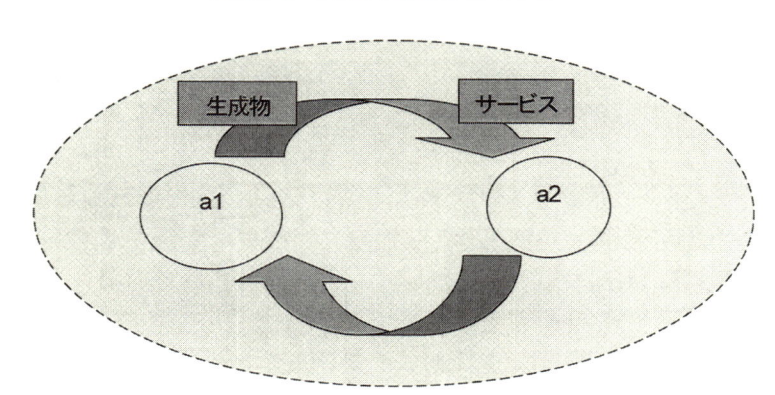

図表1-2　共生の相互作用モデル

出所：Jantsch, E., *The Self-Organizing Universe*, Pergamon Press Ltd., 1980, p.204 に加筆。原図との変更箇所：矢印の形状。

Jantsch の言葉を借りれば、「社会文化進化にあって、自己創出構造のなかでのコミュニケーションがもたらす相互刺激によって、それ以前にこの世になかったような新しい知識を組織化していく」(Jantsch, 1980, p. 205) 仕組みがヒトの共同体なのである。彼は相互作用プロセスの集合を、"心"と呼び、さらに"心"の相互作用を「組織の心 (mind)」と定義する。そして、これを自己組織化の本質とした。

　Jantsch の説明をもとに、本書では、ヒトにとっての生成物やサービスの交換の意味を実験を通して具体的に探究していく。それによって"心"の働きを理解し、共同体の本質に迫っていきたいと考えるのである。

2　自己組織化ダイナミクスとしての"心"

　ここまで議論を進めてきて、われわれはようやく"心"の本質に一歩近づくことができそうに思う。Jantsch によれば、進化の社会文化段階において、個体がマクロ進化に対して共同責任をもつようになった仕組みのひとつが共同体である (Jantsch, 1980, p. 211)。それは精神作用から生まれる神経段階の"心"の自己創出構造がつくりあげた関係を包含する、社会文化的マクロシステムのひとつと考えられている。

　ヒトの"心"について、Jantsch は固定した空間構造のなかにあるのではなく、システムが自己組織化し、自身を進化させるプロセスの中に内在するものなのだと説明した。そのプロセスをつき動かすための実現すべきなにかが、ここで言う生成物、サービスである。そうした課題解決に向けて参加者たちの示すダイナミクスそのものが「コロニーの心」なのである (Jantsch, 1980, pp. 161-165)。

　「考えるのはわれわれではなく、"それ"がわれわれのなかで考える」と Jantsch は言う (Jantsch, 1980, p. 165)。彼は"心"のダイナミクスの統合が生態系のダイナミクスであり、生態系の"心"なのだとする。だからこそ、生態系は、ヒトによって、コントロールも支配のできないのだと述べる。

　そして、"心"の役割として、より上位段階である自省段階の予想する

"心"をあげる。それは、未来を創造的にデザインする働きである。人間は社会生物段階から、社会文化段階の存在へと進化するなかで、新奇性と既存性との相補性のなかから予想する"心"を獲得したという。

言い換えれば、新奇性（右脳）と既存性（左脳）の相補性がもたらす非平衡の過程にあって、やりとりされるコミュニケーションから生まれる学習の構造そのものが"心"であると言えよう。Jantsch はそこに生まれる未来をデザインしようという創造的"心"によって、ヒトは単なる生命体維持のための共生にとまらない共生を獲得したとする（Jantsch, 1980, pp. 169-172）。

第3節　棲み分けする共同体に向かって

1　地球を単位とする共同体

ここまでの議論から、人間の共同体にあっては、参加者たちのコミュニケーションから創造的な"心"が創発され、それが統合される過程で真の共生が求められていくことが把握できた。しかし、Jantsch は自己組織化研究の解明の中心は連結性に求められるとしたが、共同体は共生に向けてどのように連結を構成していくのかについては触れていない。本研究では、次に探究していかねばならないそうした作業を棲み分けという概念から進めてみたいと考える。

今西（1994, 130～284頁）は棲み分けを立体構造の統合としての生態系として次のようにまとめている。まず、「すべての生物は、それぞれの活動拠点である、地球の特定の小地域的な場の違いに応じて編成されていると同時に、地球というひとつの大地域的な場に応じた生態系に編成されている」と述べる（今西, 1994, 130-131頁）。次に、「社会学としてとらえた生態系の定義は、生物がその社会の棲み分けを通して相対的に創り上げたひとつの均衡体系である」と言う（今西, 1994, 246頁）。そのうえで結論として生態系の基本構造は立体的な同心円配列であるとする。このようにして生物全体の自律的経済体系ができあがるとまとめる。

ある種の生活の場としては不適当になった場所を他の種に譲り、もとのある種は自分に適した生活の場を求めて去る。これがすなわち棲み替えであると今西は言う。棲み替えを通して、種同士の適切な均衡が形成される。社会文化進化の過程で、無数の共同体は力関係のやりとりを繰り返しながら、なんらかの同じ方向性での目的に添ってまとまり、より大きな組織へ向かって編成は進むと考えられているようだ。

　ただし、今西によると、植物、魚類、爬虫類といった土地の生育環境に支配されて棲む場所が決定される動植物と、土地の棲みやすさに関係なく、棲み分けを進めることができる哺乳類との間には、社会的存在としての決定的な違いがあると言う。前者には、土地の価値との間に生態学的関係しか存在しない。しかし、後者は単なる棲みやすさといった土地の生態学的な価値を超えて、社会を形成し、地域との関わりのなかで生きていくための生活の場を築きうることによって区別されるのである。

　つまり、哺乳類の棲み分けには、土地環境によって棲む場所を限定される動植物とは異なった、社会水準による棲み分け構造があるとされる。今西は大型哺乳類とヒトとの違いには言及していない。しかし、棲み分け論の延長で考えれば、知的哺乳類であるヒトは、社会的環境における高度の社会的な棲み分けを進める能力を有するのであることが推測される。

　一方、**Jantsch** は棲み分け論は用いていないが、ヒトは未来を創造的にデザインする"心"を獲得した存在であることを提示した。今西と **Jantsch** との接点にあって棲み分け論として共同体を考えるならば、ヒトの共同体は、小地域的な場に応じた棲み分け構造をもつと同時に地球を単位としたひとつの大地域的な生態系に編成される。しかも、人間の場合は他の動物と異なって棲み分けが"心"を媒介にした共生によって進むのである。

　ヒトの共同体における相互作用のプロセスが創る"心"とは、環境とか、生態系といったものに対して、なにがしかの責任とか思想をもつものであることはすでに述べた。属する種が生き延びればいいという意味の棲み分けを超えて、問題意識を抱えながら地球を単位として棲み分けることのできる生物は人間だけである。そうした能力をどう発揮するかを自問自答す

ることが人間の責任であるように思われる。

2　補い合いとしての棲み分け論
(1) 要素還元主義を超えて

　地球を単位としての今西の棲み分け論を補完するなら、有機体哲学者のホワイトヘッド（Whitehead, 1983, pp. 415-516）は、有機体は自らの環境を創造することができ、ただし、この目的のためには、ただ一個の有機体だけではほとんど無力であることを示す。そして、それを果すには、協働する有機体の社会が必要であり、協働が行われれば、努力に比例して環境は進化の道徳的様相全体を改変する柔軟性を持つとする。

　道徳的様相全体の改変というのは難解な表現であるので、社会が健全性を保つための責任と読み替えておきたい。それは Jantsch が、ヒトは創造的"心"をもつがゆえに、主体となって未来を創る責任を有するとした言葉に重なる。

　この視座から観えてくるのは、有機体の協働が生命圏の持続可能性を推進する構図である。ヒトが契機となって創る共同体の本源的価値はここにあるのではないだろうか。

　リッツアは『マクドナルド化する世界』という発想のもとに、マクドナルドに代表されるロボット化された作業工程による、大量生産型の製造業やサービスビジネスを、合理性追求モデルとして批判している。マクドナルド化の着想は、計算可能性、予測可能性、効率性、ヒトによる技能をヒトによらない技術体系に置き換えることによる予測不可能性に対する制御を基本とするとされる（リッツア，2003，68～69頁）。

　マクドナルド化の理論的出発点は、ウエーバーの合理化研究を基盤とし、計算可能性と数値化可能性の優位性を強調する（リッツア，2003, 6頁）。その底流を流れるのは、脱人間化の発想であり、質より量を重要視する姿勢である。人間価値の喪失を是認する潮流のなかで、マクドナルド化される領域は食にとどまらず、教育、衣、住、エンタテイメント、芸術等あらゆる人間生活におよび始めていることが指摘されている（リッツア, 2003,

8〜28頁)。

マクドナルド化社会を支えてきた価値観としての、企業の利益のみを中心にして従来に言う製品、サービスが生産される発想に疑問がもたれ始めている。たとえば、林(2004, 234頁)は「日本を活力と魅力溢れる国に再生させるために、個人に画一的な生き方、横並びを強いる企業中心の社会に代えて、明確な価値観をもつ、個人を中心とする社会に転換することが必要」だとする日本経団連の真意を議論する。それを通して、日本企業における労働者意識の変革に着目する。

企業にあって仕事を成すのは個人としてのヒトであり、彼らは同時に製品、サービス市場の顧客であり、地域共同体の参加者である。ヒトは生産者であり、同時に消費者でありながら、主体的に生産し、消費する意味について自分で考える力を喪失していくことへの警鐘が鳴らされていると考えられる。

リッツアはマクドナルド化社会を支えるのは、仕事を要素に分割することによる分業ととらえている。人間の働きは要素に分割してしまうのではなく、要素を組み上げたところにはじめて生命が宿ったものとなるという趣旨を主張し、協働を進めるうえでの要素還元主義を批判している。

(2) 魅力あるものを生み出す経営に向かって

魅力という言葉があるが、これは一般的に「ヒトを惹きつけ、惑わし、夢中にさせてしまう力」といわれる。どこか混沌とした美しさ、もっと奥がありそうな期待感、なんとなく得たいが知れない不思議さ等がその意味合いであると思われる。

そうであるならば、魅力あるものを生み出す社会や経営は出来上がりの姿が明確にわかっている要素還元主義からでは容易には生まれない。その先を観て見たいと思わせ、できるなら一役かって、共通経験をもったらおもしろいのではないかと思わせる期待感に向かってヒトが惹かれてはじめて成立するものであろう。

目的の達成を第一義に考える効率性第一主義の分業概念からは魅力ある

第 1 章　進化にかかる先行研究と共同体の方向性

世界観は創れない。デュルケーム（1989，13〜47頁）は分業とは仕事を補い合うための仕組みと理解している。補い合うための分業とは、ヒトが絶えず幸福を追求しようとする願望を起源とするという考え方に立つ。マクドナルド化社会を支えてきた分業は単に生産性をあげるために要素を積み上げることに注力してきた。しかし新しい生存条件のなかで幸せに生活するための分業は、なにをしたらいいかという未知の部分を、要素に還元できないなにかを求めながら追究するためにあるという議論なのである。

　以上の議論を踏まえるなら、われわれは分けるという分業概念に対して、補い合うという分業概念を提起しうる。しかし、地球、もしくはその埒を超えた共同体を棲み分けるためには、単純に分ける分業概念を排斥することには疑問が残る。自己組織化において存在するのは、反発と補い合いであるが、むしろ、対極にあるもの同士の、引き寄せあいと受け取ることもできるからである。人間性回復社会の誕生に向けて、ヒトは分ける分業と補い合う分業との相補性をどう使いこなすかという課題に遭遇すると考えた方が理に叶っているだろう。

　序章で本書の分析視点のひとつにとして、社会と経営の複合領域で共同体の本質に迫る姿勢をあげた。その視座に立ち、ここでは社会を経営するというアプローチに向けて、人間が分業を通して協働し、棲み分けることへの基本的な手がかりとして経営の定義の一般的な解釈に言及しておこう。

　第 1 章では経営の定義を『経営行動科学辞典』（高宮普監修，1987，139頁）を要約し、次のようにとらえる。「経営（administration）の概念の基本は企業における諸活動の実体的内容を問題とする機能的概念。すなわち、経営は生産の諸要素であるヒト、モノ、カネ、情報を結合し、これを生産力化するという具体的活動の組織体であり、動態的にとらえればその運営である。そして、経営を広く活動の組織体の運営と解釈すれば、企業のみならず、行政、教育、医療、福祉などあらゆる領域の組織体の運営についても、経営概念は使われる[*3]」。

　本書の求める経営概念は、第 2 章以下で、共同体の本質を探究するなかで、この定義を起点に考察する。新奇性と既存性という相補なものの引き

寄せあいによって、棲み分けを実現しようとするヒトの営みの本質を、社会を経営するという視座から次章以降で多面的に追究していきたい。

＊
1 **自己創出性**　自己組織化が生み出す付加価値の増分。Jantschに拠れば、生命体組織において生みだされる付加価値は実用情報としての生成物、サービスであるとされる（Jantsch, 1980, pp. 205-207）。
2 Jantsch による一般的な共同体の定義とは、進化の社会文化段階において、個体がマクロ進化に対して共同責任をもつようになった仕組みのひとつとされる。それは、精神作用から生まれる神経段階の心の自己創発構造がつくりあげた関係を包含する社会文化的マクロ・システムのひとつと考えられている（Jantsch, 1980, p. 211）。
3 かつて経営は組織全体の運営に関わる領域であり、管理は執行機能の領域ととらえられていた。具体的活動のフレームワークは、経営は目的、理念、戦略等であり、管理は組織、計画、調整、動機づけ、統制等とされた。しかし、現在では経営と管理は一体として考えられなければならず、両者を統合して経営管理（management）という概念が用いられている（『経営行動科学辞典』, 1987, 139頁）。

第2章
新奇性と既存性との関係から観たネットワークの姿

第1節　既存性に基づく必然化の限界

1　新奇性と既存性との相補な関係

　本章では、第1章において提示した共同体進化は相補な特性を持ちながら関連し合うことで成り立つとする考え方を受けて、それがネットワークの姿としてどうとらえられるのかを追究する。特に組織の新奇性であるセレンディピティを指向するネットワークと既存性を指向するネットワークとの間で自己創出性がいかに生まれるのかという視座からの探究を進める。

　そうした目的に向かって、まず理解しておきたいのは、既存性を追究するネットワークと、新奇性を創発するとネットワークとの間の相補な特徴である。Kilduff（キルダフ）等は、これを目的追究指向型ネットワーク（goal-directed　network）と、セレンディピティ指向型ネットワーク（serendipitous　network）とに区分し、社会ネットワークはこの両組織の統合から創発されるとして特徴を整理する（Kilduff等, 2003, pp. 100-104）。

　Kilduff 等は、目的追究指向型ネットワークと、セレンディピティ指向型ネットワークを対比し、図表2-1のようにまとめている。Kilduff 等の論

図表2−1 目的追究指向プロセス、およびセレンディピティ指向プロセスの特徴

ネットワークの基本特性	目的追究指向プロセス	セレンディピティ指向プロセス
基礎を成す仮定	・目的論的、構造的 ・個人はゴールを分け合い、組織はゴール達成に向けて形成される ・成功基準はゴールの達成	・前もって決められたゴールなし ・いきあたりばったりの変化、選択、保持による変革
ネットワーク成長の特性	・ゴールの周辺からのフォームの形成 ・成功か、失敗かの重視 ・新たなゴールの発見が組織生命を延長	・形成速度はより緩慢 ・緩やかな結束点を通しての成長 ・時制変化が組織生命の長さを決定
構造的な力学	・リーダーへの中核集中構造、核となる確固たるリーダー構造 ・holes（くぼみ）[※1]は最小化 ・明確な境界 ・適任性、資格を基盤とした成長 ・逆境からの生き残りに向きにくい	・単独リーダー不在の非中核集中構造 ・holes[※1]の存在 ・カップリングはゆるやか ・境界の否定 ・マッチング（match）を基盤とした成長 ・より創造的 ・時間経過にともない成長変化する独立性の強いサブネットワークを包含
抵　抗	・ゴールを超える（＝否定する）ことでコンフリクトが起これば組織は崩壊	・連帯感が組織持続性の源
個人の特性	・同質的なメンバーが、同じゴールを分け合うことを基礎に参加 ・組織単位での動機づけ ・定型的なキャリア形成への道筋 ・期待値としてのネットワークへの忠誠心	・異質的なメンバーが結束点を分け合うことを基礎に参加 ・ネットワークの連携を通した動き方を形成 ・思いもよらないキャリア変革の出現 ・期待値としての個の連携に基づく動態的な忠誠心

出所：Kilduff, M., Tsai, W., "Net work Trajectories：Goal–directed and Serendipitous Processes" in *Social Networks and Organizations,* SAGE Publications LTD, 2003, p.91.
※1 holes とは、論文の内容から類推し、"組織形成目的のあいまい性によってできる組織間のくぼみ"。

第2章　新奇性と既存性との関係から観たネットワークの姿

文の目的はネットワークを変容させていく条件について、組織間の関係性構築のレベルで考えるときの条件整備を知ることにある。そして、結論から言えば、目的追究を指向するネットワークとセレンディピティを指向するネットワークは、時間の軸に添った関係性の積み重ねという視点から、相互浸透性をもつと述べている。

つまり、卓球にみられる、ボールのやりとりの結果が試合を構成するように、ネットワークは既存性を属性とする保守性と、新奇性を属性とする革新性との間を行きつ戻りつしながら、相互に影響し合うことで社会組織そのものを変容させ、先鋭化していくとする。その結果できる社会構造の軌跡は、個の参加者にとっては個別のキャリアを確立に向かわせ、同時に彼らが活動を促進する共有の場（arena）そのものを変化させるとしている（Kilduff等，2003，pp. 87-88）。

このように図表に整理することを通して、この論文では、目的追究指向型ネットワークとセレンディピティ指向型ネットワークの比較を組織特性と構造力学のふたつの視点から分析している。

(1) 組織特性
　1) 目的追究指向型ネットワークの特性
　　①明確なゴール
　　②便益の共有
　　③ゴールを追究するための開発局面を駆使することを通して誘導される仲間による相互観察
　2) セレンディピティ指向型ネットワークの特性
　　①社会コンテクストの創発に向かう中での発展
　　②主なる基盤は感情的、感覚的要因
　　③2人間の関係をベースにしたうえでの、階層横断ブローカーの登場による、ネットワーク社会全体を動かすための情報と資源の提供の促進
　　④構成部分（component）の積み重ねによる巨大な構築物の育成

(2) 構造力学
　1) 目的追究指向型ネットワーク
　　①官僚主義
　　②リーダー群の周りに構築が進む
　　③積極的メンバーは核の周囲に階層を形成
　　④明確な境界
　2) セレンディピティ指向型ネットワーク
　　①相互行為のプロセスの成長による育成
　　②明確な全体像の不存在
　　③強固な相互信頼による一部局ごとのメンバーの強い関係づけ
　　④メンバー間結束の強さに対し、ネットワーク強固度は脆弱
　　⑤関係性において、くぼみ、動物の巣穴のようなもの（structural holes）を持続的に創発
　　⑥コンフリクトに基づき、2つのネットワークが合意によってゆるく定義づけられ生き残る道を導くという、バランス・セオリーのうえに形成

　以上の分析を踏まえて、Kilduff 等は目的追究指向型ネットワークとセレンディピティ指向型ネットワークが導く示唆として、両者の役割を次のようにまとめている。まず、目的追究指向型ネットワークは、同質的環境のなかでの課題に直面するケースが多く、また、連携によって醸成されるのは外部組織である他企業への圧力である。さらに、闘争のアリーナはネットワーク内部に形成される。
　一方、セレンディピティ指向型ネットワークは、異質性に基づく、三者連結の繰り返しによる相互連結方式で課題に対応する傾向が強い。また、参加者にはネットワークメンバーとしての帰属意識が強く、個人のアイデンティティをネットワークの目的に絡めて考えるようになる。さらに、企業単位でも、個人であっても、ルーティンの破壊が基本姿勢であるとする。この場合の新しいネットワークは、これまで関係性が存在しなかった既存

の組織の空隙に形成される。

　Kilduff 等は、ここで設定した空隙について、「空席ができると、応分の能力があったにもかかわらず、これまで場にめぐまれなかったセレンディピティが飛び込んでくる可能性がうまれる"場"」と説明する。そして、「このことが連結組織全体を活性化させる」という表現で"場"の役割に言及している（Kilduff 等，2003，pp. 102-104）。

　以上の整理を踏まえ、Kilduff 等は結論として目的追究指向型とセレンディピティ指向型のふたつのタイプは独立していて、なおかつ相互依存的であるとする[1]。さらに、相補的な条件整備のうえに、実際の社会では、両組織の混血児としてのプロセスが生まれるとされる。それによって、空間、時間を超えて、両方のネットワークが相互交換的、質的変化を繰り返すのが現実の社会であるとするのがこの研究の主張である。

2　相補性が導く予測可能性の突破

　こうした考察を踏まえるならば、現実の社会が目的追究指向型ネットワークである既存性を属性とするネットワークのみに頼るならば限界を観ることは想像に難くない。序章ですでに述べたように、リッツアは予測可能性から予測不可能性への社会パラダイムの転換を、人間性喪失社会から人間性回復社会への変容としてとらえている（リッツア，2003，68〜69頁）。

　一方、これを進化論の視座から観れば、序章で示した Nassehi による Luhmann 研究は、社会進化を非連続に進む、動揺、破壊、再創造の繰り返しとして示すとする（Nassehi，2005，pp. 178-190）。リッツアと Luhmann の視座を重ねるなら、人間性回復社会とは人間性喪失社会の全否定ではなく、その動揺、破壊、再創造を人間が試行錯誤しながら創り続ける過程であるといえる。

　それは現段階の課題処理能力を超えて、新奇性と既存性との間で多様な選択が多様な参加者によって進められ、その結果、組織としての課題処理能力が次の段階に進むことを意味する。協働のプロセスは、目的追究指向型ネットワークとセレンディピティ指向型ネットワークとの相補なものの

共存によってはじめて成立するのである。

　本節の冒頭で述べたように、既存性は目的追究指向型ネットワークから導かれ、新奇性はセレンディピティ指向型ネットワークから導かれる。そして、リッツアによれば、序章でも述べたように、予測可能な社会とは基本的な構成要素として計算可能性、効率性等を有する、機械論的人間観に裏打ちされた、予測不可能性を否定する社会であるとされる。一方、予測不可能な社会とは、人間性回復の時代として、計算不可能なあいまい性を価値とする社会と位置づけられる。

　こうした関係を元に、予測可能性に裏打ちされた既存性を基盤としたネットワークをあらかじめ決められた目的に向かう必然化行動とすると、その仕組みは二元論による目的追究行動である。そこにおいて展開されるのは、相補性の否定に基づく自己創発構造の発生が不可能な世界である。それはリーダーを中心とした中核集中構造を示し、目的追究行動がゴールを超えるということはゴールを否定することにつながり、組織は崩壊する。つまり、既存性を誘導する目的追究指向型ネットワークのみによって形成される組織だけでは、既存の予測可能な社会を突破することは不可能であると言える。

第2節　ネットワーク研究に観るゆらぎの構造

1　相互求め合いが生むゆらぎ

　では、既存性に基づく必然化の限界を超える仕組みとはどのようなものなのだろうか。Tichy（ティッチー, 1983, p.71）は、前節で説明したネットワークにおける新奇性と既存性との相補な関係が組織にあって相互求め合いを起こす様子を図表2-2のようにモデル化している。この図を通せば、相互求め合いが、ゆらぎを生む様子を目で見える形でとらえることができる。

　Tichyは目的追究指向型ネットワークに相当する特性をもつ組織を計画されたネットワーク（prescribed　network）、セレンディピティ指向型ネ

第2章　新奇性と既存性との関係から観たネットワークの姿

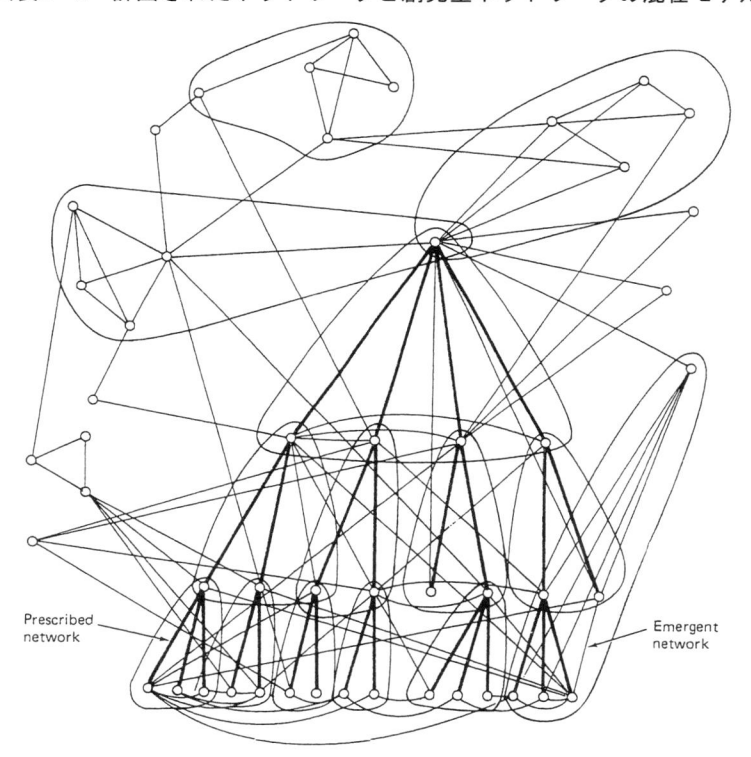

図表2-2　計画されたネットワークと創発型ネットワークの混在モデル

出所：Tichy, N. M., *Managing Strategic Change*, John Wiley & Sons, 1983, p.71.

ットワークに相当する特性をもつ組織を創発型ネットワーク（emergent network）と呼ぶ。計画されたネットワークは企業組織に代表される公式に構造化された組織である。創発型ネットワークはそれに対比するインフォーマルな関係性が構築した集団である場合が多い。

　図のなかで、三角形の比較的同じ形で並んでいるのが計画されたネットワークであり、そこに全く形の異なる組織である創発型ネットワークが右側から飛び込んでいる様子を観てとることができる。Tichy（1983, p.71）によれば、「創発型ネットワークは計画されたネットワークにとって、と

47

きとして、誘導しようという意図の外で飛び込んできた、好ましくないヒトやモノである場合が多い」とする。しかし、同時に「創発型ネットワークの参入は結果として、影響、情報、製品やサービスについての課題処理にかかる潜在可能性のモード（mode）を変更する」と説明している。

その結果、図表2-2では、主に左側に示されたような多様な組織が、計画された組織と創発された組織との連結によって創発されている。説明に添って考えれば、創発された組織とは相補な存在である既存性を導く計画されたネットワークと新奇性を導く創発型ネットワークとの相互求め合いによって生み出されたゆらぎの構造をもつものであることがわかる。

このようなゆらぎの誕生の図は、同時に、既存性に支配された行動である目的追究指向型ネットワークはごく稀にではあるが、新奇性としてのセレンディピティ指向型ネットワークを偶然の行動として参入させる場合があることを示す。これがゆらぎの源であり、ゆらぎが増幅することで組織全体は偶然なできごとに駆り立てられるものと考えられる。このことを先述の Kilduff 等の分析に重ねるならば、ネットワークは単独リーダー不在の非中核構造となり、カップリングがゆるやかになる。共生がはじまり、自己創出構造化を促進する方向で連結が生じると考察できるわけである。

2　相互連結行動から自己組織化へ

前項では既存性と新奇性の相互連結行動を全体像としてとらえた。本項では、相互連結行動を組織を構成する個人の立場から考察する。方法としては、それらが時間の流れのなかで統合され、ある閾値へ向かう仕組みをPerry-Smith 等（ペリースミス，2003）の研究を通して紹介する。

Perry-Smith 等は、目的追究指向型ネットワークを強固な結束（strong ties）、セレンディピティ指向型ネットワークをゆるやかな結束（weak ties）と呼んで区別する。そのうえで、両者を比較して多くの提言を示している。そのなかから重要性の高いものを拾うと以下のようである（Perry-Smith 等, 2003, pp.95-102）。

第2章　新奇性と既存性との関係から観たネットワークの姿

①ゆるやかな連結のもつ創造性

　ゆるやかな結束は強固な結束に比べて、仕事において創造性を誘発しやすい。そして、ゆるやかな結束は、多くの場合、仕事から期待できる収入は相対的に少ないが、仕事と創造性とは強く結びついている。

②ネットワーク外に連結をもつことによる創造性の発揮

　いつも稼動しうる状態でネットワークの外に結束をもつことで、個人は仕事において、より中心への接近性を高めることができ、より高い創造性を発揮する。それは中間的なレベルで、中心部への接近を媒介する複数のネットワークのなかに、個人が同時に居場所を持つことを通して実現する。従前参加していたネットワークのレベルを超えることで創造性は獲得される。

③ネットワーク外に多くの関係性をもつことの意味

　ネットワークの外に多くの関係性を持つ、ネットワークのなかで余り重要でないポジションを占める個人は、ネットワークの外に少しの関係性しかなく、ネットワークの中で、中心的な位置を占める個人より、より高い創造性をもつ。

④仕事における創造性の高さとネットワーク内での個人の位置づけの関係

　仕事における高い創造性は、より高い中心的な地位へ個人を導く。

⑤ネットワークの求心性とヒトの仕事の創造性の関係

　組織の発展を、組織の中央に向け参加者を引き寄せる求心性と創造性の関係でとらえるなら、基本は一方の増強が、もう一方の増強を誘発する関係である。こうして、個人はより中央に位置するようになるにしたがい、その創造性は極限まで増加し続ける。しかし、この頂点を越えると、求心性の増加は、創造性を制約するようになる。この関係は求心性が制限される状態まで続く。

⑥ネットワークの特性（ゆるやかな結束、強固な結束）と仕事の創造性の関係

　ネットワークポジションと仕事への創造性の間の関係は、特定のコ

ンテクストの特徴によって影響される。それはネットワークがどのくらいの多様性を許容するか、それが内在する文化規範、象徴的にかかえる構造の堅牢さなどによる。

　提言①から提言⑤において読み取れるのは、第一に創造性においては、ゆるやかな結束の方が、強固な結束より効果を発揮するということである。第二に、組織の創造性はネットワークに内在する対極的な性格によって影響されるということにある。
　提言⑥は組織創造性における、新奇性と既存性の相補性の必要性に言及している。こうした提言を軸に Perry-Smith 等は、この研究のなかで、さらに創造性の基盤には次のふたつのスペクトルの包含を意味するとしている点が興味深い（Perry-Smith 等, 2003, p. 102）。

　①メジャーな貢献
　　課題に接近し、解き明かす、画期的進歩の部分。
　②マイナーな貢献
　　メジャーな貢献よりは多様性の少ない、アイデアの調整の部分。

　ここでは、メジャー、マイナーという言葉が使われているが、このカテゴリー分類は新奇性を導くセレンディピティ指向型ネットワークと、既存性を導く目的追究指向型ネットワークの性質を言い換えたものと考えてよいだろう。同時に Perry-Smith 等の研究のおもしろさは、同じ個人は、強固な結束のネットワークと、ゆるやかな結束のネットワークとの、両方の、あるいはそうした複数のネットワークの参加者であるという視座からアプローチを進めていることである。
　彼等は「個人はひとつのグループにのみ入ることを強制されないから、多様なコネクションのなかで広い範囲で考え、異なったアプローチをユニークな方法でつなげることを余儀なくされる」という表現で、このことの存在の有様を記述している。そして個人の位置づけにはネットワークにお

ける中心的位置づけ（central network position）とネットワークにおける周辺的位置づけ（peripheral network position）があると区分する。人間はこの両方に同時にポジションすることで自身が入り込んで活動している組織の進化の全貌を把握することが可能になるとしている（Perry-Smith 等, 2003, pp. 95-99）。

　この様子は図表2-3のように示されている。この図のなかで、たとえば、個人 A は、ある組織の中心的位置づけにあるので、その意味で D、E、F、G、H にダイレクトに関与しているだけである。しかし、この組織の周辺に位置している G は、周辺からの参与者であるがゆえに、同時に、B を中心とする別の組織の周辺にも位置することができる。その結果、G は A を中心とする組織と、B を中心とする組織、さらにその周辺に連結する組織に関与できることができることを図は表している。そのことを通して、周辺に位置する G や M は、独自な切り口設定に基づく思考（autonomous thinking）をもつことの可能性や創造性の創発可能性が増大することを提示している。そして、G や M のもちうる特性として次の３点をあげている（Perry-Smith 等, 2003, pp. 98-99）。

　　①周辺に位置することによる、もうひとつの方法の発見。
　　②境界を超越した連結をもっていることによる、より広い範囲からの可能性の発見。
　　③いくばくか孤立した状況にあることによるネットワーク内からのプレッシャーからの解放。

　こうして、Perry-Smith 等は複数のネットワークに周辺からの参加をすることで、関与するすべてのネットワークの参加者と直接、間接に関与することができるとする。その場合は時間経過とともに、この参加者は関与するすべてのネットワークを包含する、より大きな規模、または参加者の方向性がなんらかの上位の概念で同じ方向を向いたネットワークの中心へと移動する可能性を指摘する。こうした説明を通して、参加者としての個

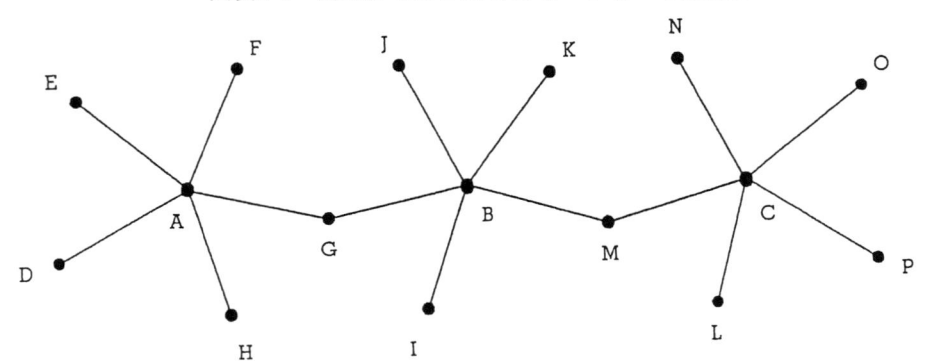

図表2-3　周辺からの参加者のもつ中心への接近性

出所：Perry-Smith, J. E., Shalley, C. E., " THE SOCIAL SIDE OF CREATIVITY : A STATIC AND DYNAMIC SOCIAL NETWORK PERSPECTIVE " *in Academy of Management Review, Vol 28, No.1., January,* Academy of Management, 2003, p.96.

人にとって、周辺からの参加は社会ネットワークをシステムに組み上げる文脈という意味でのコンテクスト形成に関与するうえで優位に作用することを提示する。

　ウェンガー等（Wenger, 1993, 15～19頁）は、こうした現象を実践的共同体における「状況に埋め込まれた学習」という組織行動で説明する。ウェンガーはヒトの"心"は社会的状況の中で発達すると言う。このことは、ネットワークの周辺から参加していた共同体への新参者が、活動状況のなかから学び、仲間とのコミュニケーションのなかから自らの"心"を育て、同時にまわりの"心"を育て、相互作用のなかでそれらを統合しながら「組織の心」（Jantsch, 1980, pp. 161-162）の連結点として、いつの間にかリーダー的存在になっていく仕組みを指す。

　以上の論理を踏まえるなら、Perry-Smith 等が、個人の参加がもたらす創造性という切り口からとらえた組織の進化を、ネットワーク構造の変化のうえからスパイラルモデルとして次のように導く意味が理解しやすくなる（Perry-Smith 等, 2003, p. 101）。

①創造性展開の局面
　創造性のある個人が、より中央の位置にシフトすることで、中心性はさらなる創造性を誘発し、システムが変化する。それは中心性が創造性そのものを破壊するまで続く。
②創造性の停滞、維持の局面
　創造性があったはずの個人がネットワークの中央に居すぎると関係性をマネジメントすることが困難になる。スパイラルの均衡状態が出現し、社会コンテクストのうえで公的正確性の欠如が起こる。
③新たな創造性展開の局面
　①②から得た付加価値を内包したうえでの、より上位の概念における、①と相似の構造の組織の誕生。

以上をまとめるなら、Perry-Smith 等の研究に至って、ルーマンが提示した社会進化における動揺、破壊、再創造の繰り返しの過程が、ネットワークの変容にあっても同じような創発の連環の仕組みであることが理解できよう。ネットワークの成長とは、第1章で紹介したようなセレンディピティの役割をもつヒトが契機となってゆらぎを増幅し、創造性の展開、停滞、新たな展開を繰り返す自己組織化の過程ということができる。

第3節　新奇性と既存性との共存がもたらす偶然の必然化

1　ネットワークに観る閾値突破への軌道

創造性の展開が付加価値を内包しながら繰り返す仕組みを、相補性をもつネットワークの統合としてとらえるためには、渡辺（2009, 14～25頁）によるヒーロー型のイノベーションと草の根型のイノベーションとの統合による社会革新の説明が役に立つ。ヒーロー型のイノベーションは大きな社会的インパクトが期待できる破壊的なイノベーションをもたらすものであり、既存組織では認められない。一方、草の根型のイノベーションは持

続的イノベーションをもたらす既存組織の維持発展に貢献するものである。
　そして社会そのものの変革としてのソーシャル・イノベーションは最初から成功するかどうかを予見するのはむずかしく、将来のヒーローが草の根型イノベーションを実現する人々に支えられるところに大きなインパクトが形成されるとする。
　社会のきしみをとらえるセレンディピティの機能を果すヒトは、いわばヒーロー型のイノベーションを惹き起こす核になる存在と思われる。本論に添うならば、セレンディピティの機能が草の根型イノベーションの組織に共鳴され、関係を持つ多数の組織への関与が始まり、組織の周辺と中心に同時存在するようになることで組織の連携や統合が進むと考えられよう。これを連携の始まりととらえるならば、それは新奇性に充ちたネットワークと既存性に向かうネットワークが同時存在し、そこから創造性の展開、停滞ないし破壊、次段階の展開という流れが展開することによって育成されるものと予見される。
　こうした変容過程は Perry-Smith 等の示す創造性に向かう連結組織を時間軸の上に乗せて、進化過程を有機体のようにとらえ直すものと考えると興味深い。Perry-Smith 等における、周辺に位置する参加者がいくつかの組織の連結ピンの役割を果し、時間経過のなかで関与する複数の組織の中心へと移動する仕組みは、序章ですでに触れたような、組織参加者の気持ちがひとつになる道筋を具体的に示すものであろう。
　その節目のたびに Tichy の言う意味での既存構造としての目的追究指向型ネットワークに、新奇性を持ち込むセレンディピティ指向型ネットワークが参入するという仕組みが繰り返される。それが Perry-Smith 等がまとめた、いわば創造性の展開、破壊、再創造という3つの局面を繰り返すスパイラルモデルを突き動かす力である。共同体が次段階にいくための大きな段差を超える力となるのが、セレンディピティのもつこうした触媒機能であり、それによって惹き起こされるのが閾値突破の仕組みであると言えよう。

2 閾値突破を惹き起こすイナクトメント

　最後に閾値突破の仕組みをワイク（Weick, 1997）による組織化の社会心理学的考察からまとめてみたい。ワイクは組織化を社会心理学の立場からとらえ、「組織では参加者が多様な目的を達成するための手段として相互連結行動に収斂すると、多様な目的から共通の目的へのシフトが生ずる」とする（ワイク, 1997, 169〜172頁）。ワイクはそうした共有される目的が組織のなかで定着する段階を、自然淘汰が行われる過程のようなものとして、生態学的変化、イナクトメント（enactment）[2]、淘汰、保持の4段階としてモデル化した。

　この4段階のなかでも特に着目すべきはイナクトメント[3]という発想である。ワイクは生態学的変化を、ヒトや活動が関わる経験の流れのなかでの、変化とか違いと位置づける。そして、生態学的変化はイナクトしうる環境（enactable environment）を提供するとした。ワイクによれば参加者は、環境に対して反応（react）するのではなく、自らがそこに入り込んで、環境を変えていくという意味でイナクト（en-act）するのである（ワイク, 1997, 181頁）。

　このことを伝えるための事例として「楽団のメンバーが直面する環境とは、彼らの前に置かれた作品ではなく、彼らがそれを最初にプレースルーするとき彼らがその作品で行う演奏なのである」と述べている。さらに言葉を換えて、「曲が未知のものであるほど、環境をイナクトし、ファースト・プレー・スルーの結果は多義的なディスプレーとなる」とする（ワイク, 1997, 181頁）。

　つまり、楽団メンバーは「目鼻立ちのはっきりしていないディスプレーに地と図の構造をあてがうのであり、このあてがわれる構造が因果マップを形づくる」とする。因果マップとは、曲がもつ本来のコンセプト、演奏者同士がもち合う感情、音符を忠実に再現しようとする努力、エラーの発生、うまい表現への演奏を通しての呼応等のプロセスが積み重ねられてできる道筋に相当しよう。このことから考えられるのは、イナクトメントとは、ヒトが契機となることで積み重ねられる、一期一会の共振の連鎖であ

るということである。

　そして、ワイクは淘汰に言及し、「淘汰はイナクトされた多義的なディスプレーに多義性を削減するため、あるいは、メリハリをつけるためのテンプレートのようなものだ」という。「この段階で、イナクトされたありさまそのものは、さまざまな構造にあてはめられて、因果マップのなかの助けにならないマップは排除されやすい」とされる（ワイク，1997，170-171頁）。

　さらに「保持は文字通り、合点の行く意味形成、すなわち、イナクトされた環境と呼ぶ、産物の貯蔵である」とする。そして、「保持のなかで、わずかな割合で、より斬新な解釈を求める欲求が起こり、これが起こる場合、次なる次元のイナクトが繰り返される」とする。ワイクはこの場合の関係性をイメージするために最も適切なのが、ジェームス（James）による図表2-4であると述べている（ワイク，1997，171～172頁）。

　この図表では前の側面に組織化過程が、横の側面に時間が軸として描かれている。そして、その厚い板の上面には柔らかいゴム膜が張られており、正方形のマス目が描かれている。そのゴム膜のしたにボールをいれて、時

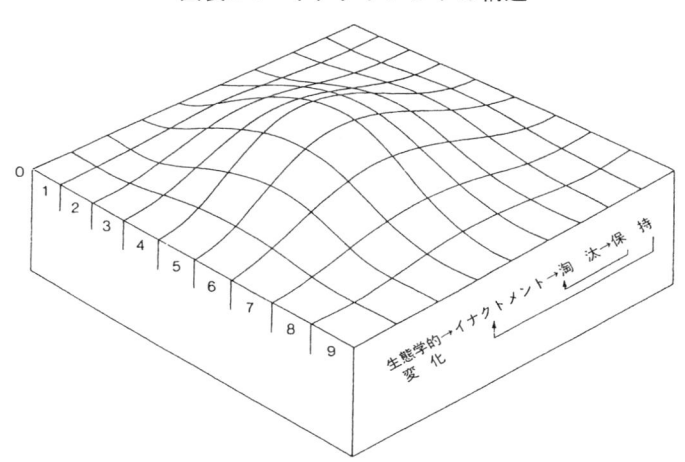

図表2-4　イナクトメントの構造

出所：ワイク，K. E., 遠田雄志訳『組織化の社会心理学』文眞堂，1997年，188頁。

第2章　新奇性と既存性との関係から観たネットワークの姿

間の単位が0のところから転がす。すると、対角線に沿って薄い膜の膨らみが次々と移動する。それが時間に添った組織化のプロセスを可視化したものである。

　ボールのサイズは多義性の大きさを表し、ボールを転がすスピードは通過の速さを表している。また、ゴム板が硬ければ、インプットがあまり、インパクトを与えないことを表す。

　こうして得られる組織のスナップショットが組織の構造であると、ワイクは述べている。しかし、この図はスナップショットとして一瞬を切り取るという意味合いよりも、むしろボールの軌跡を追うことで組織変容の過程を動態的に説明するもののように考えられる。

　そして、この変容の過程は、プリゴジンの散逸構造の仕組みに置き換えられるようにも思われる。また、Kilduff 等、Perry-Smith 等といったネットワークの進化過程を説明する研究者が言葉をかえながら言及してきた創造、破壊、再創造のプロセスにも合致する。

　本章第2節でセレンディピティ指向型ネットワークが目的追究指向型ネットワークに飛び込むことで、ゆらぎが起こり、自己組織化が始まる関係を探究した。本節では、こうした状況がさらに進み、さまざまに言い換えられながらも本質において同様の仕組みとして変容をたどることを整理した。それは言葉を換えれば、新奇性と既存性が共存することであたかも偶然に起こったように観えたことが、後から必然性を帯びて繰り返される仕組みといえる。

　ワイクの議論からこうした仕組みをイナクトメントという概念を使って目に見える形で紹介することができた。しかし、人間が結束することによる関係性の変容の実態は、一体感が醸成されるなかで盛り上がっていく組織の仕組みを実際に体験し、原理追究との整合を得てはじめて血の通った理解につながるものである。それは共同体の自己組織化の本質に迫る仕事であり、あいまい性のなかから未知の何かを生みだそうとする本書の進め方の本質でもある。こうした考えを踏まえて、次章では人々の試行錯誤というあいまい性のなかから立ち上がった「ひろば創造実験」について考察

を試みる。「移動大学の実験」という発想のもとに異質性の遭遇を通して社会にとって必要なサービスが創発され、そのプロセスで進むヒトの相互作用が組織構造の進化を導く仕組みを探究する。

＊
1 Kilduff 等はふたつの組織の関係について、目的追究指向型のプロセスはセレンディピティ指向型のプロセスを開拓し、かつ、セレンディピティ指向型プロセスは、目的追究指向型プロセスを掘り抜いて傷つけるという表現で表している。同時に両組織の複合されたネットワークのもつ動態的、流動的性質を強調する。両組織の偶然の出会いで形成されるネットワークのなかでゴールもまた成長し、そこにできる社会構造の軌跡は、構造を促進する場そのものを変化させていくとしている。
2 **イナクトメント** 翻訳書でも適切な日本語訳は示されず、カタカナ表記であるが、文意から理解すれば、本書に言う実験に近い現象を意味しよう。それはJantsch による「やりながら習う (learning by doing)」というプロセスによって導かれ（Jantsch, 1980, p. 171）、本書第4章でプリゴジンの言う建設的干渉に近いものと思われる。
3 ワイクはイナクトメントの例として、「経験のイナクトメント」として「主体は受動的にインプットのシャワーを浴びるだけでは経験をもったことにはならない。管理者は自らを取り巻く事象の大群に文字通り完全と立ち向かい、積極的にそれらを整理し、環境のなかで身をもって行為し、環境の一部に注意し、大部分を無視し、自分たちがなにを見、何をしているかについて他の人と話す。その結果、取りまく状況が変数と変数間の関係に要約されて一層秩序的になる」（ワイク，1997，190頁）とする。本研究の第3章で取り組む仕事が、これに近いと考えられる。

第3章
触媒機能を軸とした共同体進化の実験

第1節　社会背景と実験フェーズ

1　社会背景と「ひろば創造実験」の必要性

　本章では組織が臨界規模を超えて新構造に駆り立てられる様相を、実験と位置づけて記述する。このことは第1章で論じた共同体進化の基本構造、および第2章で論じた新奇性と既存性から観たネットワークの姿を実際の社会の動きに置きなおす作業である。

　商学公市民連携ビジネスは2002年あたりから全国各地で申し合わせたように多発するようになった。なぜそのような状況が生じたのかについては、われわれはその現象の只中にいるために現状では客観的に十分な理由づけをもつことができない。しかし、仮に社会価値が転換するゆらぎの時代のニーズに応えるひとつの手法として、商学公市民連携ビジネスが社会によって選択されたとするなら、その意味は次のように推測される。

　すなわち社会は、これまで築かれてきた既存性に支配された経営状況の閉塞を危機感として感じ取ったと考えられる。そして、生活者の求めるまちのあり方と実際の機能が乖離し始め、新しい新奇性としての大学や学生を投入することでの組織活性化を図ることの必要性に本能的に気づき始め

たのではないだろうか。

　一方、大学などの教育機関では座学による知識伝達中心教育という、いわば20世紀的な予測可能性に裏打ちされた教育に替えて、ヒトを育てる手法として体験学習による知恵創発中心教育が模索され始めている。そうした新しい教育方法の探究のなかで予測不可能性に裏打ちされた問題解決型の学びの"場"を、地域社会に求める動きが活発化し始めている。以上のような双方のニーズが絡み合って商学公市民連携ビジネスが誕生した経緯を説明することができよう[*1]。

　商学公市民連携ビジネスをひとつの典型とするいわゆるソーシャル・ビジネスの特性を、Dees 1（ディーズ, 1998, pp. 55-67）は経営の目的を経済的な成果への着目と社会的なミッション達成への着目との統合ととらえている。そうした視座から従来の営利組織には社会に貢献するというNPO的指向が欠けており、非営利組織には活動を経済的成果に結びつけるというというビジネスの発想が欠けていると議論する。

　第1章で示した経営の定義によれば、利用可能な資源を組み合わせ、生産力化する具体的活動が経営である。それを動態的にとらえ組織体の営みとすれば、経営概念は企業、社会組織等のあらゆる領域の活動に使われるとされた。そうであるならば営利組織の営みも非営利組織の営みも経営である。つまり、経済価値と社会的使命をともに求める経営は、企業、地域社会、教育、芸術、医療、福祉等と言った多様な共同体に共通な活動と言えよう。

　本章で紹介する「ひろば創造実験」は地域と教育機関との相互求め合いを通した協働に参入し、経験、観察したことを通してこうした意味での経営を模索する事例である[*2]。言葉をかえれば収益性と社会にとって必要なサービスの創発との折り合いを見つけ、それらをいかに統合するかという課題をめぐって、人々が意識的、無意識的に社会そのものを変えていこうとする活動の記録である。

　実験は学生、商工業関係者、市民、自治体、起業家、そして教育機関等、組織の創発に関わるすべてのヒトのなかに存在する新奇性を惹き起こせる

能力と旧態依然とした既存性に支配された組織とのおもしろい遭遇を発見することで進む。言葉をかえれば、遭遇は第2章の図表2-1に記述があるように、既存性と新奇性との相補性を出合わせることで活性化する。ヒトと組織、あるいは組織と組織との遭遇を想像もつかない組み合わせで、人間性回復社会を指向して企画できるかどうかが、「ひろば創造実験」の成否を決める。経験的に言って相補ではなく同質性の高い遭遇、つまり予想可能な組み合わせは反発も共感も導かないようである。

　第1章でセレンディピティの機能を紹介したが、実験ではまずは本来の中間媒介者が、そして続いてはさまざまな参加者が触媒としてこの機能を果すことで100％の既存性にとらわれた組織になんらかの違和感のある現象としてゆらぎが増幅する。著者はこうした遭遇を企画した当事者であるはずが、いつの間にか自身も自己組織化の渦のなかに巻き込まれていくことを何度も経験した。

　本章ではこの「巻き込まれる」という現象の解明を大きな軸として、誰から命令されるのでもなく、新しい状況が新奇性と既存性とのせめぎ合いのなかから創発されていく仕組みを探究する。社会の現実のなかに参入し、実験経験を通して共同体の閾値突破と棲み分けの仕組みに迫り、第4章以降での理論的な検証につなげる素材を提供することが「ひろば創造実験」の役割である。

2 「ひろば創造実験」の諸フェーズの段階分類
(1) 「ひろば創造実験」の段階分類手法と考え方

　本実験のような問題解決型（heuristic）の実践を発展させる手法について、Simon（サイモン，1960, p.31）は人間行動を躊躇－選択型（heritation-choice pattern）と刺激－反応型（stimules-response pattern）に分けて議論する。前者は試行錯誤しながら何かを決める躊躇の時間を必要とする場合であり、後者は工学的な管理操作に代表されるような一定の刺激に対して躊躇なしに一定の反応が生まれる場合である。この分類にしたがえば「ひろば創造実験」は躊躇－選択型の実験に分類されよう。

また、移動大学を実験した川喜田（1977，63～90頁）は、躊躇－選択型の Simon の理論を実際に進める場合の手法について、KJ 法の発案者という立場から取材方法という言葉で置き換えてわかりやすく説明している。それによると取材方法は大きく次のような特徴をもつ。

　①課題をめぐって解決策に先入観をもたず、360度から取材する。
　②問題が起こったら現場に飛び、なにがしか参考になることを取材する。そこからヒントを得ると次はどこへいけばいいかが観えてくる。いわば「飛び石づたい」に行動することで状況の全体像に迫ることができる。
　③計画的に取材したものだけがデータではない。ハプニングを逸しない姿勢が大切である。たまたま出遭ったヒトの一言、出会った新聞記事等、問題意識をシャープにもっていれば、すべての機会からデータが集まる。
　④直接役に立つかどうかわからないが、「なんだか気にかかる」ことは、ともかく一冊のノートに取り込んでおく。
　⑤データは定性的に豊かにとる。技術系のヒトは計測したもの以外はデータと言わない慣習があるが、それにこだわらず問題解決に役立つと思われるものは事例でも記述的なものでもいいので多種多様に収集する。
　⑥ヒトの意見を豊かに収集する。意見の種類は無限ではなく、ある集団ごとに同種の意見を単位化すれば、市民の意見のバラエティは母数がたとえ数万人であっても一律に数百にまとまる。それを重要度にわけてランクづけすることで衆目の一致するところを把握する。
　⑦評価は点よりも線、線よりも面という形で構造化させる。
　⑧定性分析の結果をもとにして必要ならば定量分析（アンケート調査等）の調査票をつくる。場合によってはそれに基づく調査を実施する。

第3章　触媒機能を軸とした共同体進化の実験

⑨心の姿勢を取り入れてはじめてデータは生きる。なんとか結果を出そうとどっぷり浸り込み、泊り込む勢いでやることで対象に対して愛情が生まれ、データバンクは生かされる。

　KJ法の詳しい方法については別の機会に論じたいと思うが、本研究ではSimonのいう躊躇選択型の人間行動と川喜田の取材方法との共通点から、「ひろば創造実験」の発展の諸段階を分析する手法を大きく次のように設定した。

①あらかじめデータの意味づけは不明確であるものの、実験になにかの関連があると直観する事象、なぜか気にかかることについてランダムに記録する。具体的には本章第1節第1項で述べた社会からの要請によって求められた"場"に整合性を気にせず参入し、経験と観察から定性的データを集積する。
②なんらかの基準を決めて、同質性の高いタイプの事例をグループ化する。
③それらについて主観を極力排除しながら、関連付けて全体の意味構造を理解する。

　この枠組みに添い、実験の"場"を組織がもつセレンディピティの発見能力のちがいによってグルーピングし、それらの関連性を追究することで組織化の仕組みに迫った。なお、こうしたアプローチを進めるためにそれぞれの実験を「セレンディピティ発見システム」という概念でとらえて区分を試みる。以上を踏まえた結果、これまでの実験データは4つのフェーズにグルーピングすることができた。

(2) **進化構造を表すスパイラルモデル**
　フェーズの進化構造を分析する基本は、「進化は常にらせん状に進み、時間、空間を超えた連続性をもつ」(Jantsch, 1980, p. 227) という発想

に求めた。それを説明する Jantsch の次のような考えは実験の各段階の関連性を考える際の大きなヒントになった。

①進化は直線に進むものではなく、最初のものへと力強く遡っていく連鎖である。
②一般的な進化の歴史はビッグバンによって過去と未来の間の時間的対称性が破れたことを起点に説明できる。
③熱力学的にいうと平衡状態において時間的対称性が破れて過去と未来が区別される。さらに散逸構造の状態になると目に見える自発的構造化をともなって空間的対称性が破れる。新しい構造へと移行する不安定閾値では、より高次のミクロ進化レベルへと移行する際には時間的、空間的対称性の破れが相互に繰り返し起こる。

(Jantsch, 1980, p. 226)

このことをさらに詳しく観ていこう。『自己組織化する宇宙』のなかで進化の仕組みを説明する Jantsch は、ミクロ進化の諸段階をらせんの構造、つまりスパイラルモデルを用いて説明している。原典の図表では一枚の図のなかに、生物化学段階から社会文化段階に至るマクロ進化（主に物理学的、化学反応的進化）とミクロ進化（主に生態学的、遺伝子的進化）を、相互作用としてとらえて対称性の破れの関係性を大まかに図式化している。ここではそのうちのミクロ進化に着目した。Jantsch が描いたスパイラルモデルをもとにして、時間的対称性が破れて過去と未来が区別されるなかで散逸構造によって空間の対称性が破れ、進化が4段階で進む様子をまとめたものが図表3-1である。

まず、原図を忠実に転記した部分について説明すると、描かれているスパイラルの一めぐりは最初のものへと力強く遡っていく、らせん状の進化構造の一くくりと考えられる。それは時間に添って起こる4回の熱力学的な平衡構造、非平衡構造（散逸構造）の繰り返しを内包している。したがって図に付された1、2、3、4の数字はスパイラルが一めぐりする間に起

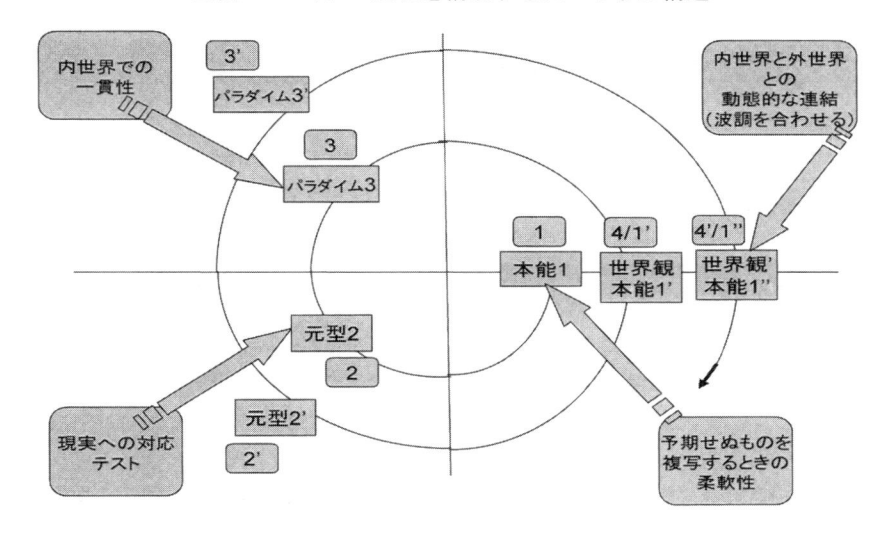

第3章　触媒機能を軸とした共同体進化の実験

図表3-1　ミクロ進化を構成するスパイラル構造

出所：Jantsch, E., *The Self-Organizing Universe*, Pergamon Press Ltd., 1980, p.224.
加筆箇所：原典の図からミクロ進化を表すとされるスパイラル型のモデルを抽出した。進化フェーズの4段階に相当する「本能、元型、パラダイム、世界観」という説明、および各フェーズの意味内容を付記した。

こる散逸構造の順番（同一スパイラル内でのいくつ目の散逸構造か）を表すものと考えていいだろう。

　なお、原典にはそれぞれの散逸構造に次のような属性が注記されている。それらは第1段階（本能；instinct）、第2段階（元型；archetype）、第3段階（パラダイム；paradigmas）、第4段階（世界観；world views）とされる。

　各段階の言葉の意味を調べると、本能とは直感とある。元型は哲学では原型と言い換えられ、心理学では人間の精神の内部にある祖先の経験したものの名残りとされる。パラダイムは判例、模範、典型とされる。また世界観は文字通り、世界とそこに生きる人間の本質・意義等についての全体

的な考え方という意味である。原典には「宇宙の中で生きる人間という自己イメージ（意味）」（self-image of man-in-universe）と注記がある。

さらに、Jantsch が図に記した説明をたどると、本能を示す最初の破れでは過去に起こった経験の時間的、空間的分布が、現在に役立つように連結されるとある。これには「予期せぬものを複写して現在に繰り返す柔軟性」と言った意味の言葉が付されている。続いての元型の破れでは「環境に影響されて創られる進化的な自治が後成的な力を増す」とある。「本能段階で柔かながら形になったものが、現実社会で使えるように対応するテスト」といった言葉が付されている。

パラダイムを示す第三の破れには「自律的な内世界が確立される」とある。そして最後の世界観を意味する破れでは、「内世界と外世界をつなぐプロセスへの道が破れによって拓かれ、ここから人間と進化する宇宙との連結性が独特な形で構造化される」と記されている（Jantsch, 1980, p. 224）。

Jantsch はこのような対称性の破れの4つのフェーズは生命ミクロ進化の4段階に対応すると解く。そしてフェーズ間の移行の仕組みはまだ十分に解明されていないとしたうえで、フェーズ間の進化は地球上の生命の歴史に適用するなら、複雑な生体の分化がヒエラルヒーのあるレベルから他のレベルへの移行で起こる対象性の破れであると説明する[*3]。

さらにミクロ進化のもたらす対象性の破れは、物理学が展開して宇宙進化の時空を設定していくマクロ進化になんらかの関連をしているとし、第4段階は同時に次のグループの第1段階に一致しているとしている。この一致を通して進化はらせん状に進むものであるとして、4という数字は本項の冒頭にも掲げたように「最初のものへと力強く遡っていく連鎖（powerful retrograde to connection to the primal one）」を示すものであると解く（Jantsch, 1980, p. 226）。

なお、ここでも気づくのは進化構造のスパイラルモデルはルーマンが示した社会進化モデル（Nassehi, 2005, pp. 178-190）に連動するのではないかということである。ルーマンは社会進化の構造を動揺、破壊、再創造の繰り返しによる付加価値蓄積の仕組みととらえた。この仕組みは第2章

第3章　触媒機能を軸とした共同体進化の実験

で紹介した Perry-Smith 等によるネットワーク構造の進化の説明（①創造性展開の局面、②創造性の停滞、維持の局面、③新たな創造性の局面）にも共通する。これだけでは十分な論証とは言えないが、いずれの場合にもミクロ進化の構造は最初のものへ遡っていく構造と、はずみをつけて次段階の自己創発性を膨らませる構造から成るスパイラルモデルで表すことができることがわかる。

3 「ひろば創造実験」の4段階のフェーズ
(1)スパイラル構造に基づく4分割

　進化はスパイラル構造を用いて説明できるという理解を得るならば、本研究が取り組む「ひろば創造実験」は発展段階から図表3-2のような4つのフェーズに区分することができよう。進化における連結性が指摘された時間と空間に添って、かかわってきた実験はミクロ進化の4段階で言うと、本能、元型、パラダイム、世界観に分けられる。

　本章で紹介するなかの「武蔵野市多目的スペース活用実験」は、明確な方向性が何もないところから経験を通して予期せぬものを複写しようと参加者が試行錯誤した、いわば本能段階の活動である。共同体が自己組織化

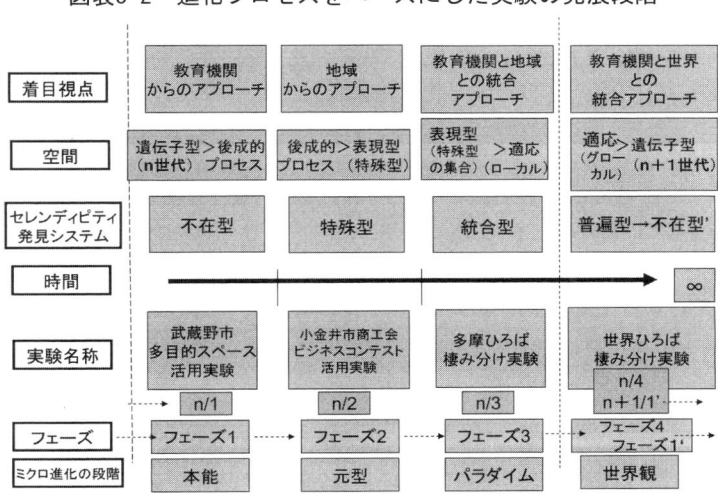

図表3-2　進化プロセスをベースにした実験の発展段階

着目視点	教育機関からのアプローチ	地域からのアプローチ	教育機関と地域との統合アプローチ	教育機関と世界との統合アプローチ
空間	遺伝子型＞後成的（n世代）プロセス	後成的＞表現型プロセス（特殊型）	表現型（特殊型の集合）＞適応（ローカル）	適応＞遺伝子型（グローカル）（n+1世代）
セレンディピティ発見システム	不在型	特殊型	統合型	普遍型→不在型'
時間	→	→	→	∞
実験名称	武蔵野市多目的スペース活用実験　n/1	小金井市商工会ビジネスコンテスト活用実験　n/2	多摩ひろば棲み分け実験　n/3	世界ひろば棲み分け実験　n/4　n+1/1'
フェーズ	フェーズ1	フェーズ2	フェーズ3	フェーズ4　フェーズ1'
ミクロ進化の段階	本能	元型	パラダイム	世界観

を進める動因となるための、セレンディピティを発見する仕組みの有無から言えば、そういったものを意識してもつ意義に気づいていないという意味でセレンディピティ発見システム「不在型」（フェーズ1）と言えよう。

続いての「小金井市商工会ビジネスコンテスト活用実験」は、ビジネスコンテストという形で共同体が自己組織化するための仕組みをもったということで進化に向かう継続的な元型ができた段階と考えられる。いわば現実への対応テストの手段をもつことで、セレンディピティ発見システム「特殊型」（フェーズ2）と言えるだろう。「多摩ひろば棲み分け実験」は特殊型である多様な発見システムの集合という意味でセレンディピティ発見システム「統合型」（フェーズ3）と区分した。

「世界ひろば棲み分け実験」は厳密に言えば商学公市民連携ビジネスの次の展開ではなく、大学の学生教育システムの視点からの世界連携戦略をとりあげている。その点ではフェーズ3までとは少し意味合いが異なる。しかし、「移動大学の実験」の発想を軸に考えれば、学生と地域という異質性の遭遇が互いの課題解決力を増大させたフェーズ3までの実験の延長にあって、学生と世界との遭遇が創発する棲み分け構造を模索するプロセスがフェーズ4と言えよう。

フェーズ4で取り上げる一橋大学の世界戦略は、実験の様相はフェーズ3までのそれとは一見異なるものの、活動の本質において、それまでの実験と相似性をもち、なんらかの相互作用を繰り返しながら進化することが予想できる。すでに得た経験知から言えば、行きつ戻りつしながら関係性がつながるのが組織化のプロセスである。そこで、ここでは後になって活動の関連性が観えてくる本研究の特性に鑑み、フェーズ4について「世界ひろば棲み分け実験」と名づけて議論することにした[*4]。

この4段階目の実験は、フェーズ3で進めている地域レベルでの「統合型」セレンディピティ発見システムの仕組みを世界規模での連携構想へと普遍化しようという試みである。大学という教育機関が互いに学生の派遣元、派遣先となり合うことで連携を連鎖させ、世界をひとつとするセレンディピティ発見システムを模索する仕組みに言及する。これを「移動大学

の実験」という視座から観て、課題解決型教育が、ひとつのスパイラルの出来上がりに到達した姿という意味にとらえ、セレンディピティ発見システム「普遍型」と位置づけた。

(2) 進化論からとらえた４分割

　こうした実験のフェーズ区分を進化論から観るためには、空間的な連携の広がり方を進化論でとらえた Waddington（ウォディントン，1969, pp. 364-366）の議論による補完が役に立つ。Waddington は環境のなかでの生物体の進化は環境への遺伝的適応という一定の方向だけに進むとするダーウィニズムを批判する。

　ダーウィニズムの考え方は環境が一方的に生物の遺伝子組み替えに影響するということを主張する。ダーウィンの主張の支配する空間を「遺伝子型（genotype）空間」とするなら、Waddington が言うのは、進化は生物と環境との相互作用によってもたらされるという主張である。それは、進化は遺伝子だけに支配される空間である「遺伝子型空間」だけに沿って進むのではなく、生物と環境が互いに変容し合う方向で進み、相互作用によって創られる「後成的（epigenetic）空間」を経て、ある種の特殊な型である「表現型（phenotype）空間」へ進み、「適応（fitness）」にたどりつくという考え方である。

　Waddington の考え方では遺伝子型と表現型は相補関係にあり、発生過程を事後的なプロセスとしての後成的空間、つまり後成的プロセスのなかで見直すことにより試行錯誤的に進むべき方向が観えてくるとされる。生物は環境から影響され遺伝的に修正されると同時に環境を修正することで適所と固体との関係が創りだされるという発想である。

　フェーズ１〜４の実験は自然プロセスと相互に作用しながら経営資源を組み替え、組織能力に変えていくプロセスである。その意味で一連の実験は第１章で定義した経営活動である。相互作用のなかで経営資源の新たなマッチングによる協働を指向する経営として説明が可能であろう。

　地域の現場で経験することとして問題解決できるかを探る意欲や行動力

が、同じような問題意識をもつ異なった空間にいる異なった相手と出会わせてくれることが多々ある。意欲や行動力があるもの同士が出会うこうした現象を共時性と言う（ユング, Jung, 1997, 94-122頁）。

　フェーズ1、フェーズ2、フェーズ3は、共時性において時間、空間で重なり合い、ヒトの組み替えを実現した。フェーズ1を始めたきっかけの一部はフェーズ2からの影響であり、一緒に活動した学生も意図したわけではなくフェーズ2を展開した小金井市にある東京工学院専門学校の学生であった。フェーズ1を進めた結果、成果に関心をもったフェーズ2から働きかけがあり継続実験が展開した。そしてフェーズ1、フェーズ2を実践したことがフェーズ3、フェーズ4への道筋を見つけるきっかけとなった。

　進化は途中から始まる場合もあるし、元にフィードバックする場合もあり、下位レベルの特性を排除するのではなく、系のなかに流し込んで進むこともあるとされた（Jantsch, 1980, p. 450）。生物体において偶然に始まった試みは受け入れられると増殖、伝播され、複製を繰り返していくなかで必然化する。こうした発想から各フェーズを、共時性に基づいた経営資源の組み替えによる経営活動ととらえ、段階の非連続性を見定めて区分した。

4 「ひろば創造実験」1〜3のフェーズ

　フェーズ4は位相が少し異なるので分けて考えることとして、まずフェーズ1〜3の特性内容を概観すると図表3-3のようである。各フェーズの進む進化構造については、分析する視点としてMintzberg（ミンツバーグ, 1987, p. 14）の動態的戦略論に着目した。

　第1章の経営の定義を要約すれば、経営はヒト、モノ、カネ、情報を結合し、生産力化する組織体であり、動態的にとらえれば経営管理としての組織創りであるとされた。この視座から実験における組織創りの分析指針はMintzbergの動態的戦略論に置き、組織の遭遇による戦略変化を時間の流れによるプロセスで、意図的戦略、突発的戦略、未実現戦略、慎重に

第3章　触媒機能を軸とした共同体進化の実験

図表3-3　フェーズ1～3の実験特性

比較項目	フェーズ1	フェーズ2	フェーズ3
実験特性	武蔵野市多目的スペース活用実験	小金井市商工会ビジネスコンテスト活用実験	多摩ひろば棲み分け実験
セレンディピティ発システム	不在型	特殊型	統合型
目的	武蔵野市が市内路線商店街に開した多目的スペースを活域する、地域および商店街活性化	地域独自資源の活用による総合政策的色彩をもつオリジナル製品、サービスの開発	東京都多摩全域をフィールドにした商学公市民連携ビジネスの組織設計
着目視点	教育機関側からの接近	地域側からの接近	教育機関側からの接近と地域側からの接近との統合の設計
実験期間	2003年10月～2004年9月	2004年8月～（含む、準備期間）	2007年10月～
事業主体	武蔵野市商店会連合会	小金井市商工会	東京都商工会連合会
潜在参加者の範囲	学生（東京工学院専門学校）、商店街関係者（富士見通り商店会会員、武蔵野市西部地区商店会役員等）、地域住民等	学生（地域からの参入：法政大学、東京農工大学、東京学芸大学。他地域からの参入：東京女学館大学）、起業家、商工業関係者、行政、地元金融機関、小金井市民等	多摩全域、および島嶼地域（都内商工会所在地）在住者
開発された製品、サービス	飲食チャレンジショップ、商店街イメージキャラクター、商店街関係者・学生・市民の協働による祭り	湧水を汲み上げるための井戸端の設計、伝統技術を生かした商工業者ユニフォーム「あきんどベスト」の開発、学生銭湯寄席等	未創出
成果	地域的な棲み分け構造の部分的達成。ひろば創造実験により創出された3つのビジネスは、学生活動終了後、地域が継承	小地域的で自律的な棲み分け構造の、おおまかな達成。ひろば創造実験により創出されたビジネスは、学生活動終了後、地域が継承	小地域的自律的な棲み分け構造を包含したひとつの均衡体系の設計思想の創出

※各フェーズは動態的に展開する。したがって各フェーズが未来の段階としてそれ以前のフェーズに関わることもあるし、あるフェーズを飛び越えて他のフェーズに関わることもある。

検討した戦略、実現した戦略（意図的戦略と突発的戦略の相補性が生む閾値突破）に分類した。

　実験において、もし、途中の突発的戦略がもたらすセレンディピティ指向プロセスがなければ、意図的戦略はイコール実現した戦略となるはずである。しかし乱流である突発的戦略が入ってくると最初の意図的戦略が見直され、不要になった戦略である未実現戦略は脱落する。その結果、採用された突発的戦略と先に検討した意図的戦略がせめぎあい、統合され、その結果実現した戦略となるという考え方をとった。

　本研究にあてはめれば、意図的戦略は自治体等が当初予定していた戦略、突発的戦略は当初予定されていたのではなく、学生等を代表とするセレンディピティの投入によって出てきたアイデアや企画提案、慎重に検討した戦略は学生と地域関係者とで創発した戦略、未実現戦略はそれによって脱落した多数の戦略にあたる。すなわちヒトが契機となって突発的戦略が参入し、大多数は脱落するが支持を得て生き残った企画は本来の意図的戦略と統合され閾値突破する。その過程でゆらぎが増幅し、地域が求める製品、サービスが実現する。

　視点を変えれば動態戦略を通した相互作用のプロセスの集合が自己組織化の過程である。相互作用はコミュニケーションであり、その連環プロセスによって形成されるのが"心"であることは第1章で示した。動態的戦略論を用いて形成するゆらぎの実態をヒトの関係から観察し、閾値突破の仕組みを識ることは生き物のように変容する組織の実態を理解するひとつの方法であろう。

第2節　武蔵野市多目的スペース活用実験　　フェーズ1

1　実験参入へのきっかけ

　前節で有機体同士の相互互助は混沌のなかからなにかの共時性が起こることで進むと述べた。その意味では著者がフェーズ1に関係性をもったきっかけは次の5点にある。

第3章　触媒機能を軸とした共同体進化の実験

①中小企業診断士として地域経営への危機感をもったこと。
②地域の教育機関の講師となり現場実践型の教育の必要を感じ始めたこと。
③武蔵野市と武蔵野市商店会連合会から多目的スペースの活用提案を求められたこと。
④当時学生参画型のまちづくりが話題になり後述する小金井市の商学公市民連携ビジネス（プロジェクト小金井）の情報を得て同じような活動への連想が広がったこと。
⑤著者が2003年から講師を務め始めた東京工学院専門学校（小金井市）では一部教員が体験授業の意味に気づき、実現に向けて行動を起こしていたこと。

　偶然のできごとが重なり活動を始めてみると環境のなかで情報の受信、発信が起こり、出会いがなければ起こらなかったことが意図的、意識的になっていった。他の組織との間で第1章で説明した自己触媒機能が互いに働き、また組織同士の遭遇をもたらす連想が働き、相互触媒機能が働くなかで互いの潜在意識が顕在化した。こうして事前に偶然と観えたものが必然化していった。その結果、フェーズ1は約1週間という短期間のうちに、武蔵野市商店会連合会、武蔵野市長、東京工学院専門学校という利害関係集団の合意を得て成立に至った。
　これは、たまたま武蔵野市で発見できた偶然の必然化であるが、後述するように他の地域でも同じような関係は育ち始めているので、一般理論への素地を切り拓くことは可能である。「不在型」は偶然の必然化の源としてふつふつと湧きあがり始めたなにかであり、未来を形成するきっかけであると言うことができよう。

2　多目的スペースの目的と実験の役割

　フェーズ1のきっかけは2002年11月に、武蔵野市が商店街活性化策とし

て同市内にある富士見通り商店会の空き店舗に多目的スペースを開設したことに遡る。同商店会の課題は大手量販店との競合、後継者不足等を主たる原因とした廃業にともなう売り上げと活性化の低下をいかにして解決するかにあった。衰退過程にある全国の路線商店街の典型と言える地域である。

多目的スペースの目的は地域共同体のなんらかの連結拠点となることで商店街が従来の目的である経済活動だけでなく、社会的意義をあわせもつ組織体に変容し、商店街の構造的危機を克服することにあった。そのための"場"の創発がこの場合の意図的戦略と言える。

もちろん本実験が始まる前にも、ともかくなにかをしなければという思いを強くもった商店街関係者による活動が進められていた。しかし、そうした活動は既に地域で行われていた商店街活動やイベント等の枠組みから脱却できず、継続性の薄いものであった。自治体関係者、商店街関係者の間で多目的スペースの活用方法が模索され、彼らから観れば、万策尽きた状態のときに遭遇したのがフェーズ1の実験であったと言えよう。

商店街の存続を賭けた危機的環境という平衡から離れた状態にあって学生約100人と商店会関係者、地域住民等約200人という異能な組織を人為的に遭遇させることには少なくないインパクトがあったようである。これまでの方法では発見できなかったなにかが学生と商店街や地域が共生することで創発することが期待された。まちが構造的衰退から脱却し、再生するための道を探るプロジェクトが始まった。

3　展開方法

実験は東京工学院専門学校の学生約100人（日本人75人、中国人留学生25人）の単位取得をともなう現場体験教育の場所を1年に渡って「コミュニティスタジオ」と名づけられた多目的スペースに置くことで始まった。授業はフェーズ1にあわせて新規に開講された「地域ビジネス」「ビジネス開拓」によって進められた。

授業は多目的スペースでの実習と学校内での座学を交互に実施した。指

第3章　触媒機能を軸とした共同体進化の実験

導案はなぜ座学ではなく地域にでて学習をするかという意義、地域を経営する方法論、サービス・マーケティングの発想に基づく戦略立案能力、プレゼンテーション能力、コミュニケーション能力等を習得することを目指して組み立てた。そして商学公市民連携ビジネスの成果については大きく次のように計画した。

　　（1）学生への成果
　　　①社会への教育の場所の拡大
　　　②起業の発想育成に結びつく実験授業の実施
　　　③潜在能力を発見するおもしろさの体感
　　（2）商店街への成果
　　　①具体的な空き店舗対策（ともかく空き店舗がひとつ埋まる）
　　　②学生の参入によるイベントや行事の質の変容
　　　③旧態依然とした商店街組織への柔軟性の持ち込み
　　　④商店街は商店主が顧客にモノを売る場所という固定観念の打破。
　　　　参加者による商店街の潜在能力発見と、製品・サービスの創発

4　フェーズ1の全体構造

　フェーズ1では事後に観れば次の3つのビジネスが立ち上がった。前節で説明した動態的戦略理論の構造を用いて実現した戦略の概要を示せば次のようである。なお動態戦略を Mintzberg は5段階でとらえるが、本書では慎重に検討した戦略と実現した戦略はあわせて組織同士の戦略の協働過程ととらえ、4段階で示す。

　　（1）動態的戦略の要素
　　（セレンディピティの機能をもつヒト：学生、中間媒介者；外部からの参入者）。
　　　①意図的戦略：自治体の立てた戦略
　　　②突発的戦略：学生の立てた戦略

③未実現戦略：学生と地域関係者との戦略統合プロセスでの脱落戦略
　④慎重に検討後、実現した戦略：商店街と学生が検討した統合戦略
（２）実現した戦略
　動態戦略のプロセスは参加者全員で手びねりの器を創るような作業であった。フェーズ１では図表3-4にあるようなサービス機能が誕生した。そして結論を先どりするなら、立ち上がったものはチャレンジショップ、地域のシンボル、商学公市民が協働する新たな祭りであるが、地域住民が求めていたものは、食や祭りを通した新しいネットワーク創りであり、それによって実現されるヒトの居場所づくりであったというのが実感である。それが学生、商店街の活動を通して創発されたことが一番の成果ではないだろうか。立ち上がったビジネスは学生の活動が終了した後も地域住民や商店街に継承されている。このことからも協働の結果、地域にとって必要な機能が生みだされたことがわかるように思われる。

　実現したビジネスをスパイラルモデルによって表すと、フェーズ１の全体構造は図表3-5のように図式化することができる。
　また、フェーズ１で実現したビジネスは図表3-5に添って言うなら、チャレンジショップ、キャラクター公募事業、ふじみどり祭りであり、これらが誕生するたびに閾値突破が観られた。たとえば既存化した商店街（既存化０）への対策として自治体の立てた意図的戦略が他目的スペースの設置と当初考えられた使い方(図表に示された数字の①を指す)である。しかし、それがうまく機能していなかったところへ、チャレンジショップに向けて学生がチームごとに多数のビジネス企画を提案したのが突発的戦略である（②）。
　突発的戦略に、商店街が実現性、費用対効果等を検討し、修正を加えるなかで未実現戦略が脱落し（③）、学生Ａチームの戦略提案が採用された。

第3章　触媒機能を軸とした共同体進化の実験

図表3-4　実現したサービス機能

	ビジネス① チャレンジショップ 「手打ち讃岐うどんの製造と飲食サービス提供」	ビジネス② 商店街イメージキャラクター公募事業	ビジネス③ 第1回 ふじみどりまつり
実施期間	2003.12.2〜12.4	2003.12.6〜2004.2.27	2004.7.10〜7.11
コンセプト	本物志向、健康、安全志向に応える手打ち讃岐うどんの製造と飲食サービス提供。作り手の顔の見える商品に対する価値に着目し、手打ち讃岐うどん制作のプロである商店街OBに制作を依頼し、素人である学生が顧客視点からの惜しみないサービスを付加して提供。	路線商店街の顧客認知度向上、愛顧獲得の方法としての商店街イメージキャラクター公募事業を実施。チャレンジショップでリンクができた顧客の固定化をはかるとともに、多目的スペースを中心にしたネットワーク強化を図った。	中国人留学生の提案による大陸風ナイトバザールと従来の盆踊りを統合した祭りの創造。
成　果	ターゲットは商店街の既存主要顧客である高齢者を想定したが、結果的に60代以降の高齢者とあわせて30代の主婦と幼児を多数集客。本商店街には30代家族層が潜在顧客としてかなりの割合で存在していることが判明。またアンケート調査、ヒアリングから、家族顧客層のニーズは健康安全で値ごろな価格で昼食がとれる飲食機能であること、幼児を寝かせながら仲間で食事ができる居場所の提供であることが判明した（多目的スペースに畳敷きでゆったりできる"場"を設けたことが若い母親層の潜在ニーズに応えた）。以上の活動を通してチャレンジショップの本質的な役割はこうした潜在顧客の開拓と、それにともなう情報収集機能であることがわかった。	ターゲットは次世代顧客としてチャレンジショップで参入を促した園児、生徒（保育園〜中学生）、家族層。公募を依頼した教育機関（保育園、小学校、中学校）を連結し、多目的スペースの周囲2kmほどの近隣地域に"地域から学びあう、もうひとつの学校"としての"場"の機能を創出した。	連結が強まっていた30代家族層は、顧客、売り手両方として参画。多様な地域住民の間にネットワークが広がった。ヒアリングから、祭りを協働することで一体感のレベルが一段向上したという情報が得られた。祭りの創発プロセスを通して、"ひろば"の機能は多目的スペースを中心にした武蔵野市西部地域全体に広がったことが推測される。

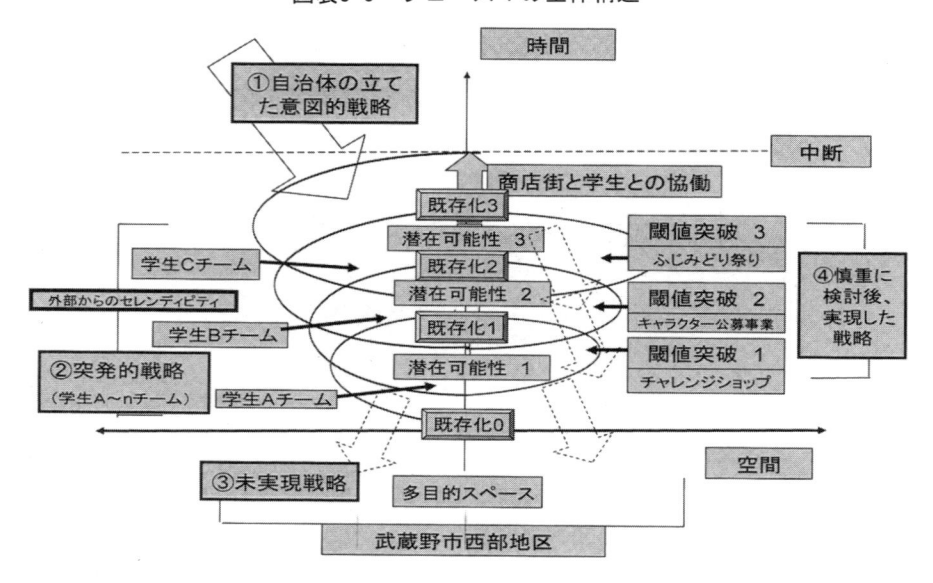

図表3-5　フェーズ１の全体構造

これをもとに商店街、地域、学生が戦略を慎重に練り上げた。潜在可能性１をめぐり参加者のコミュニケーションを通して発想が広がり、整理されてひとつのサービス機能が顕在化し、まとまるなかでチャレンジショップが実現（潜在可能性の顕在化）することで閾値突破１が起こる（④）。こうして生じた自己創発性のスパイラル内で蓄積されたノウハウを既存化１とする。

　スパイラル２では、閾値突破１で創発された付加価値である既存化１を内在させながら、学生Ｂチームの戦略が採用され、潜在可能性２をめぐり、再びコミュニケーションを通して発想が広がった。その結果キャラクター公募事業によって閾値突破２が惹き起こされ、サービス機能が成立（既存化２）した。スパイラル３では、閾値突破１、閾値突破２で創発された付加価値を内在させながら、学生Ｃチームの戦略が採用されて、同じ仕組みで潜在可能性３が祭りとして成立（既存化３）し、閾値突破が果たされた。

　スパイラルは回を追うごとに、それまでの付加価値を内在させることで

第3章　触媒機能を軸とした共同体進化の実験

自己組織化、つまり自己創発性の規模を拡大した。しかしフェーズ1は事業主体である商店会連合会との契約期間切れをもって活動は1年で中断してしまった。後にして思えば、活動が新奇性にすぎていたため、既存組織である商店街連合会はこうした活動の必要性を認知していたにも関わらず、継続を躊躇するという行動をとったのかもしれない。

第2章でワイクが「新奇性は既存性を掘り抜いて傷つける」と表現したことを紹介した。その議論に基づくなら、強い相補な関係のなかで互いに手探り合い、「なにかをしなければ」という必死な思いのなかで、新奇性は既存性を傷つけ、既存性もまた新奇性を傷つけるという局面があったのかもしれない。いずれにしろ、いろいろな意味で学生も商店街関係者も教育機関も中間媒介者も、ともに現場にどっぷりと浸り込んだ時間がフェーズ1であった。

5 "心"の創発と閾値突破の仕組み
(1) 内側から観たスパイラル

図表3-5はフェーズ1のスパイラルを外部から概観した仕組みである。これによって実験の全体構造は理解できる。しかし、実用情報の創発として閾値突破が果たされる仕組みは、第1章の実用情報の創発の説明で示したような、「相互作用プロセスの集合」の実態がわからなければ把握は難しい。

第1章でJantschが「組織の心」と呼んだものはコミュニケーションの相互交換による相互作用のプロセスの集合であった。本書に添えばこの働きはサービス機能の生成過程でヒトのやりとりによって潜在可能性が刺激され、スパイラルを膨らませ閾値突破が導く心的関係性の積み上げである。そうしたプロセスを識るためにスパイラルの内部に入り込み、学生と商店街との関係性の観察を試みたのが図表3-6と図表3-7である。

図表3-5で示すようにフェーズ1ではセレンディピティの機能をもつ学生は1チーム平均5人の20チーム編成とした。チームにはリーダーが自然に誕生し、チームをまとめた。行動の単位はいくつかのチームから成るク

ラス（約20人）である。またプロジェクト全体のリーダーが自然に発生した。

　学生はこのような形のシステムをもつ組織になっている。しかし地域の仕組みは混沌そのものである。図表3-6の無作為に入り組んだ線は混沌の状況を示すものである。両組織には同士意識、あるいは共通目的が最初からあるわけではない。したがってふたつの集団の遭遇はきめて異質性の高い相補な関係である。それらが混在していく様子を図表3-6で図にした。

　こうして成立した異質性に充ちた組織が時間の経過にともなって異質性を同質性に変えながら、混沌とした関係性が整理され、秩序化し、製品、サービスというひとつの実用情報創発を生む共同体に至る。その過程を示したのが図表3-7である。

　図表3-7には参加者であるヒトの行動の特徴を大きくとらえて書き込んだ。そうした行動特性を閾値突破に至る典型的な振舞いととらえて、もう一度箇条書きで追うと次の①から⑧のようである。

①敵対心、怖れ、期待が入り混じる。商店街は学生に過度に期待し、協働ではなく、学生になにかやらせることだけ考える。
②不満や親近感のなかから、少数の親しく入り組み合う関係ができる。
③互いに相手を客観的に見るようになり、学生は事業企画を出し始める。商店街は自身と学生との協働を考え始める。無数の企画が互いから出ては、叩かれて消える。ごく一部が商店街役員会の採択を得て、かつ学生のやる気を誘い、残留する。
④偏差値から観て目立たないが、特殊能力のある学生、身体、精神にハンディキャップのある者が力を発揮しだす。こうした学生を特別に可愛がる商店街関係者が出てくる。
⑤自分で企画を立て、最後まで達成するものがのめり込んでくる。商店街は収益性を検討する。
⑥リーダーや役割が自然発生し、泊まり込みが始まる。
⑦手づくり感のある施設（チャレンジショップ等）を自分たちの手足を動かして創ることで互いにやることに愛着をもっていく。

第3章 触媒機能を軸とした共同体進化の実験

図表3-6 学生と地域（商店街を含む）との組織構造

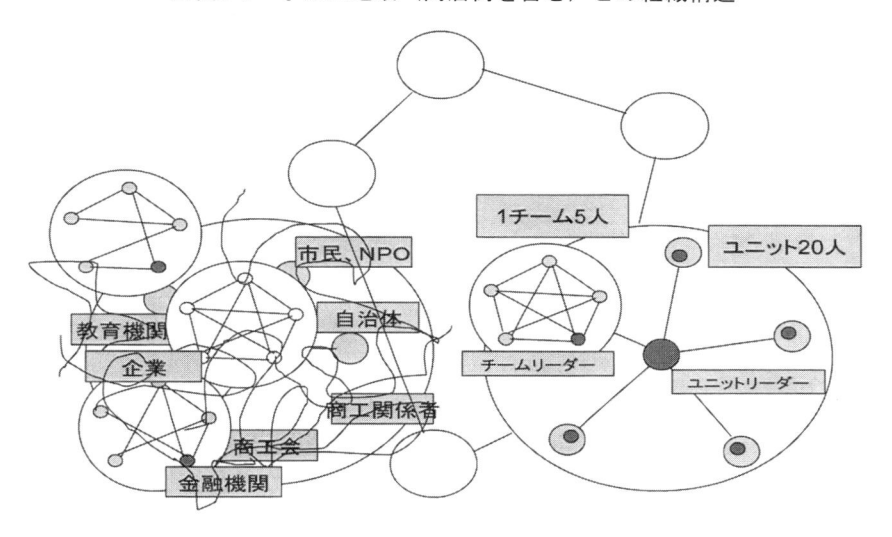

図表3-7 異質性に充ちた組織が同質化する場合のヒトの振る舞いの変化

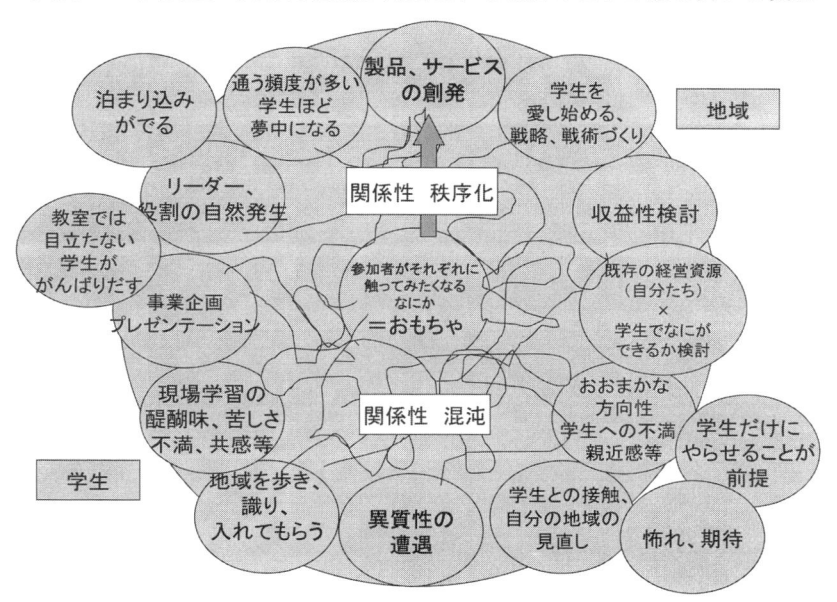

⑧仕事、学習を超えてビジネスに取り組み始め、彼等の側から観ると気がついたら閾値突破し製品、サービスが創発されている状態となる。序章で示した移動大学ではうまくセッションがもたれるとコンミューンに近い連帯感が渦巻くひろばの感じになる（川喜田, 1997, 186頁）とされた。それに近い状況が生まれる。

(2) 共通課題の解決プロセスが"心"を創発する

　商学公市民連携ビジネスの現場では以上のような過程を経て活動のはじめには互いに愛着のなかったヒト同士が、共通の課題を解決するプロセスで愛着を深め合うことがよく観られる。その共通な課題解決の対象を本研究では"おもちゃ"と呼ぶことにする。

　たとえばチャレンジショップでは多目的スペースを促成のうどん屋のチャレンジショップに仕立てる際には、活動の意味化に重要な役割を果たした「畳をおもしろく使う」ための知恵の出し合いがそれにあたる。イメージキャラクター公募事業では「商店街のイメージキャラクターをいったいどうやって決定するか」、祭りの創造では「新しい祭りをどんなものにするか」と言う知恵の出し合いがその役割を果たした。

　この発想のヒントも川喜田（1977, 119～121頁）の進めた移動大学のやり方から得た。KJ法で関連するまとまりを創る手法としてあげられていたのが「オモチャ」という考え方であった。これは問題の本質を見つけ出すためにチームを二つに分け、こどもがお金遊びでコインをとりあうように、解決しなければならない問題を「オモチャ」と置いて、参加者で議論をぶつけ合うことで背後にある一層高い意見の一致点を見つけるやり方である。「ひろば創造実験」ではこの発想をヒントに、相補な関係にある学生と商店街関係者にとって、解決を迫られる共通課題を"おもちゃ"と名づけた。

　"おもちゃ"は双方の組織にとって課題解決の対象となる興味をそそるものやコトであるが、商店街関係者はまちづくりを進めるにはこういうものが必要であることをいわば本能的に識っていて共通課題を「いじりやす

いもの」という言葉で表現していた。"おもちゃ"は実際の玩具で言うなら知恵の輪に近い感覚であろう。フェーズ1のような活動の初期にはこの課題が何なのかを気づき、提案することが中間媒介者の大きな役割となった。組織の遭遇そのものの意味を洞察する力をもつヒトは中間媒介者にほぼ限られていたからである。したがってフェーズ1では"おもちゃ"を発想するのは主に中間媒介者であり、参加者から出てくることはまずなかった。

　一方、参加者のひとりとなって経験していると、共通の関心事としての"おもちゃ"があると、人々の連想が膨らみ、倍加する様子を肌で感じることができる。参加者の連想力を刺激すると、それに刺激された他の参加者も連想力を働かせるようになるのを感じるのである。"おもちゃ"の使い方をめぐって商店街は学生という素人の発想に新鮮さや顧客代表の声を感じとり、学生は商店街関係者のプロの発想に商人の誇りを感じ取る場面が生まれる。

　相互刺激が起こり、学びあい、発見しあう過程で刷りあわせが起こり、夢中という状況が始まる。やがて組織は散逸構造に至って製品、サービスの創発とともに閾値突破するようだ。創造的なやりとりが互いを高めあって、共振性、あるいは累積効果を起こす感じであり、これはフェーズ1の立上げがあっという間に進んだときにも感じたのと同じような感覚である。

　図表1-1に戻って考えると、組織は非平衡構造のなかで"おもちゃ"をめぐってゆらぎを増幅させ、散逸構造において頂点を迎える。ここで製品、サービスが誕生する。その後、組織は平衡構造に移り、出来上がった製品、サービスやそれをめぐる人間関係がひとつの秩序に向かって定常状態を創り上げていくように見受けられる。平衡構造が進むプロセスでは学生と商店街関係者はひとつのことをやり終えたことで共通の経験を刷り込まれて、共通の文化を共有したように観察される。いわば伝染病、あるいは共振の感じに近い連鎖がしばらく続く。

　その後、彼等は燃え尽きてある意味すべてを放棄する。しかし、ここまで中心になって活動したチームの様子を観ていた別の学生チームが刺激さ

れ、現場の熱が冷め切らないくらいの時間経過のうちに次のビジネス提案をもってくる。商店街関係者はわれに返ったように、一呼吸遅れて学生の反応に刺激されてこれに応える。これがフェーズ１の閾値突破とその後のスパイラルの繰り返しの流れである。このような時間の経過に添うスパイラル内部の関係性はその他のフェーズにおいても同様に観られた。

　そうしたなかで、参加者のふるまいについて着目すべきは"おもちゃ"への互いのかかわりを繰り返すなかで、Jantsch の言う「やりながら学ぶ」という関係が生まれることにある。状況のなかから学習し、相互刺激を受けながらなにかを創発するための共通な方向性が生まれてくると、それを実現するために次第にそれぞれがなんらかの責任を自主的に負うことをいとわなくなりだす。その結果、全員リーダーに近い役割分担が自然に進む。

　第１章で言うコミュニケーションの連環プロセスはヒトの共同体ではこのように育成される。共通経験の刷り込みが"心"の創発の仕組みであり、相互刺激のなかで"心"と"心"の自己組織化が進み、スパイラルが膨らみ人間関係の高揚が進み、ある意味の極限状態を超えることが閾値突破であるのではないかと考えられる。

6　総括（フェーズ１）
①セレンディピティ発見システム「不在型」組織の持続困難性と原型の継続性

　セレンディピティ発見システム「不在型」の意味は未来を創るきっかけとしての原点創発にある。多目的スペース活用実験自体は１年で中断し、スパイラルは３回で観察が終わる。セレンディピティ発見システム「不在型」の場合、活動本体の組織そのものの持続は困難である。しかし同時に、断片的で非連続な行動が地域に継承された。無から有を生もうとする組織の原型は潜在するサービスニーズとの相関が強ければ、なんらかの関係性を社会につないでいくことが実験から検証された。

②セレンディピティ参入方法の特性（外部からの新奇性が参入するケース）

第3章　触媒機能を軸とした共同体進化の実験

　フェーズ1は外部から何らかのシステムを有するセレンディピティが参入した場合である。学生チームが突発的戦略を繰り返したことで既存性100％に近い組織は、新奇性100％に近い状況にゆり戻された。フェーズ1の場合には外部組織は既存の内部組織との異質性がとても強く、それによってゆらぎを大きくする力をもつとともに、活動の継続を困難にするほどに抵抗勢力を大きくした。

③地域に継承されたビジネスの実態

　フェーズ1でたちあがったビジネスが地域へ継承された様子を観るために作成したものが図表3-8である。この図から読み取れる特筆すべきこととして、「ひろば創造実験」の商学公市民連携ビジネスの地域への継承があげられる。商学公市民連携ビジネスで生み出したイメージキャタクター関連ビジネスは、持続可能、かつ、独自性のあるサービス機能として地域に継承された。具体的には「赤ちゃん広場」はチャレンジショップで開発した「畳利用の場というシステム」を地域住民である母親組織が継承して開発した地域子育ての"場"である。

　また、商店会長からのヒアリングでは、地域が継承し、開発した製品、サービスのうち、最も成果をみせているのは「ふじみどり通信」であるという。これは、イメージキャラクターの名前を冠した商店街通信で、讀賣新聞との協働により、2006年より毎月発行され、新聞折込として商店街周辺4000戸に配布され、商店街の認知と販売促進に貢献している。

　ビジネスが地域に継承される要因はいくつか考えられようが、その共通項は創発されたものが参加者相互にとって必要性が高く、ネットワークの結束点として意味化された"場"の創発であるということだ。「地域にこれまでなかった、高齢者や幼児を持つ母親が気軽に昼食を取れる場所」「住民や商店街が共有できて、少しだけ他地域に自慢できるイメージキャラクター」「老若男女で楽しめる新しい祭りの生みだし」は単なる飲食機能や商店街の販売促進イベントビジネス創りではなく、こういう社会でありたいと地域の人々が潜在的に欲していたサービス機能の創発と言えよう。こうした機能は引き継がれ生き続ける。

図表3-8　多目的スペースの活動記録と実験の位置づけ

年	活動内容
2002	販売促進イベント／サークル活動
2003	販売促進イベント／サークル活動／資源回収／"ふじみさぬきうどん100"
2004	キャラクター公募事業／イメージキャラクター"ふじみどり誕生"／第一回ふじみどりまつり／第一回ふじみどり供養祭
2005	FC東京応援セール／ファミリースタンプ抽選会／子どもの日アニメ上映／ふじみどり通信創刊／第二回ふじみどり祭り／亜細亜大学生フリーマーケット／第二回ふじみどり供養祭／スタンプ抽選会／手づくり雑貨展示販売／ふじみどり通信新聞折込開始（読売新聞、近隣配布4000部）／あかちゃんひろば開始／消費生活セミナー、防犯セミナー／あかちゃん広場
2006	新春獅子舞／スタンプ抽選会／あかちゃん広場／消費生活セミナー／第一回ふじみどり誕生日／ふじみどりオブジェ発表会／あかちゃん広場／消費生活セミナー、防犯セミナー／あかちゃん広場／消費生活セミナー、防犯セミナー／ふじみどりファサード完成／ホームページ開設／あかちゃん広場／消費生活セミナー、防犯セミナー／FC東京応援セール／あかちゃん広場／あかちゃん広場／認知症予防出前講座／スタンプ交換会／第三回ふじみどり祭り／あかちゃん広場／ふじみどりTシャツ、うちわ配布／資源回収事業還元品配布／あかちゃん広場／スタンプ抽選会／第一回ふじみどり杯（囲碁大会）／出前講座"ソーラン節気力アップ"
2007	第二回ふじみどり誕生日／ふじみどりストラップ作成／ふじみどり学業お守り作成

コミュニティスタジオ事業評価委員会「コミュニティスタジオ『ハートらんど富士見』事業報告書」コミュニティスタジオ事業評価委員会、2008年、を元に作成。

　学生が地域に継承したものは、本質に迫って考えるならば地域住民や商店街関係者にとってニーズを多様に形にすることができるサービス機能を継続するための仕組みであるといえるのではないだろうか。だからこそ、フェーズ1は学生が去った後も、活動は地域住民と商店街関係者に継承されて非連続の連続という意味で浸透し、参加者の組み合わせによって形をかえながらサービスを生み出し続けている。

第3章　触媒機能を軸とした共同体進化の実験

第3節　小金井市商工会ビジネスコンテスト活用実験　　フェーズ2

1　実験参入へのきっかけ

　武蔵野市で一旦、途切れるかに見えた実験は、隣接する小金井市において時期を重複しながら連続した。参入の契機は次の3点である。

①「ひろば創造実験」が実施される以前に小金井市では、東京学芸大学(小金井市)と商工会との商学公市民連携ビジネスが展開されていた。これに著者が触発され、自身の活動に向けて連想を広げたことがフェーズ1の展開につながった。
②フェーズ1の展開が主たる活動組織である東京工学院専門学校（小金井市）関係者の現場参加型教育への関心を誘った。
③その結果、フェーズ1終了後、継続したプロジェクト活動を東京工学院の地元地域である小金井市で継続して欲しいと言う学校からの要請につながった。背景には学校が仲立ちし、相互触媒となって活動先を発見してくれたという経緯がある。

　このようにして、フェーズ1とフェーズ2は相互作用を起こしながら実験は進化した。プロセスを通して小金井市内で学生と活動するなかで商工業者、自治体関係者等とのかかわりが深くなり、小金井市商工会ビジネスコンテストとのつながりができた。この間に著者が指導に携わる教育機関はと東京工学院専門学校から東京女学館大学へと変わった。それにともない、ビジネスコンテストへの参加学生は東京女学館大学の学生となった。
　また、「特殊型」セレンディピティ発見システムが小金井市に創発された背景を考察すれば次のようである。同市は湧水という自然資源以外に、安定的な市財政基盤、文化遺産、産業遺産といった経営資源を特段に有しない。そのことで逆に自治体、商工関係者等はまちづくりの今後について常に危機感をもっている。
　危機感の結果、商工関係者の間に「どういうまちにしたいかを踏まえて、

市民に支持される商業振興策を実現するための商品、サービス開発をしなければ」という「後がない」という思いがいつもあるようだ。小金井のシステムに同類項を求めるなら、ここでも本章のフェーズ段階分類手法で紹介した川喜田の取材方法に則って同類を集めるという発想が役に立つ。それによるなら、フェーズ2のビジネスコンテストはフェーズ1で共同体の課題として紹介した"おもちゃ"に近い対象と考えられる。参加者によるこの知恵の輪をめぐるこだわり合いがビジネスコンテストによる地域ブランドサービスの発見につながる力になっていると言えよう。

後から考えるとフェーズ1では混沌としたなかから、ともかく環境との相互作用から遺伝的な進化とは異なるなにかが生まれた。しかしフェーズ2ではセレンディピティ発見システムをビジネスコンテストというこの地域特有な形でもつことで、遺伝的進化から逸脱することに成功した。小金井の組織化には、発生過程を別な方向に進めようとする意図的な動きを後成的プロセスとしてもち、「特殊型」創発に至る関係性の組み替えを認識することができる。

2 ビジネスコンテストの目的と実験の役割

フェーズ1では中間媒介者や学生がランダムに担っていたセレンディピティの機能だが、フェーズ2ではビジネスコンテストという大きな仕組みをコンテクストとして持つことで、セレンディピティの機能をもつヒトを持続的に発掘できるようになった。それがセレンディピティ発見システムとしてのビジネスコンテストの大きな役割だろう。

セレンディピティである触媒の継続的な発見を通して、製品、サービスの開発も持続性が増した。あわせてフェーズ1はひとつの教育機関側から観た活動であったのに対し、フェーズ2ではひとつの地域が複数の教育機関を受け入れることで商学公市民連携ビジネスの創発を地域主導で進めることが可能になった。

実験における仕組みは、地域の特産品を創発したいという行政や、商工業者の思いがひとつの自治体という領域のなかで育ち始め、よく絡み合っ

た結果、本書でいうセレンディピティを発見するシステムとして結実した。かつての近江商人は「三方よし」と表現されるビジネスの哲学を有していた。それは「売り手よし」「買い手よし」「世間よし」として社会貢献度と顧客起点の商いを求めた考え方である。小金井市におけるセレンディピティ発見システムのコンセプトはこの考え方とよく似ている。

　実験の役割は、商業振興と教育改革を核に、どういう社会がこれから必要なのかを関係者で考え、それを実現するためのサービス機能を開発し、持続可能な総合地域サービスの創発を模索することに置かれている。これがフェーズ２の基本特性のように思われる。

3　フェーズ２の全体構造

　フェーズ２の全体構造は図表3-9のようである。この図において、ビジネスコンテストに先駆けた活動は「偶発的商学公市民連携ビジネス１」と呼ぶことにする。これが３つのビジネスとしてスパイラルを描いて展開した。それを吸収し、発展的に継承する形でセレンディピティ発見システムの機能をもつビジネスコンテストが２回実施され、さらに継続中である。そして第１回のコンテスト優秀作品から新しい芽のような形で「偶発的商学公市民連携ビジネス２」と呼べる活動が発生し、それに関わるスパイラルを２回目まで展開しているのが現在である。

１）「偶発的商学公市民連携ビジネス１」の展開

　小金井市では図表3-10にあるように、ビジネスコンテストに先立ち、商学公市民連携ビジネスとして３事例を実現させている（小金井市商工会）。３つのビジネスは、同市の商業振興の重点施策として200_年から毎年開催されている「黄金井名物市」が進むプロセスのなかで創発された。

　黄金井という名称は、小金井の古語で、よき水の湧く井戸を有するところという、地域資源をシンボライズした言葉である。2007年度より自治体の事業正式名称に使われている。同名物市は市経済課、商工会、市民等の多様な組織の協働により、商店街活性化事業として2002年度より始められ、

図表3-9　フェーズ2の全体構造

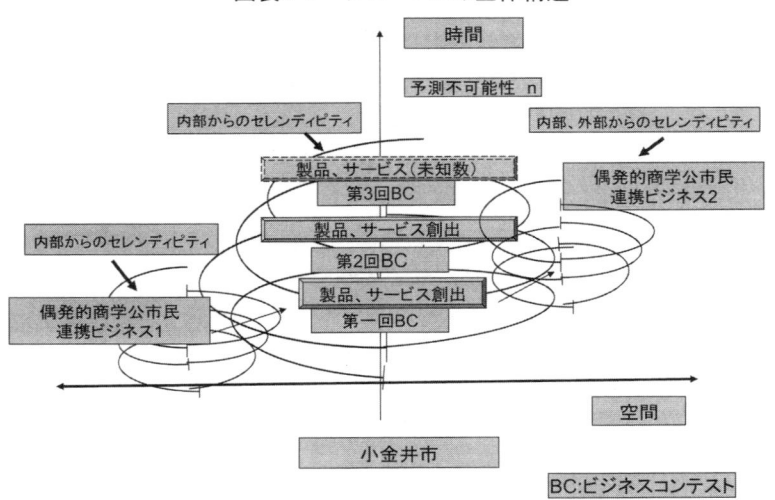

（図：時間軸と空間軸における、予測不可能性n、内部からのセレンディピティ、内部・外部からのセレンディピティ、偶発的商学公市民連携ビジネス1・2、製品・サービス創出（第1回BC、第2回BC）、製品・サービス（未知数）（第3回BC）、小金井市　BC:ビジネスコンテスト）

図表3-10　小金井市の商学公市民連携ビジネス事例

1　プロジェクト小金井 　　（デザインの視点からの、創作菓子販売、既存店舗業態改革提案等） 　　東京学芸大学美術学科デザイン研究ゼミ 　　東京学芸大学有志（所在地　小金井市） 　　　中間媒介者／東京学芸大学美術学科デザイン研究ゼミ指導教授 　　　（ゼミ履修学生については単位取得科目）
2　名物市の賑わいづくり（手づくり紙芝居等） 　　東京学芸大学演劇学科ゼミ 　　東京学芸大学有志（所在地　小金井市） 　　　中間媒介者／なし（学生の自主的参加）
3　「黄金の井戸」井戸端デザイン 　　法政大学工学部建築科研究室、一年生有志（プロジェクト参加者） 　　東京学芸大学美術講座（所在地　小金井市） 　　　中間媒介者／研究室指導教授（単位取得科目）

出所：東京都商工会連合会「多摩地域における商学公連携事例の調査研究」東京都商工会連合会（調査研究委託／報告書執筆：中小企業診断士　辻朋子）、2008年、14頁。

第3章　触媒機能を軸とした共同体進化の実験

1年1回の頻度で展開しつつある。

「プロジェクト小金井（これを通して名物菓子の開発、カフェ経営、既存店舗の業態改革提案等が創発された）」「黄金井名物市のにぎわいづくり」「黄金の井戸のデザイン」は、こうした趣旨の下で活動する商店街が、以前から縁のあった市内の大学、および研究室に働きかけた結果、賛同した大学のゼミ等が自主的に活動の参加を申し出たことで実現した。その意味ではいわば、クローズドな仕組みの域にある連携の成果といえよう。

「武蔵野市多目的スペース活用実験」と比べると、どちらもスパイラル展開し、3回の閾値突破を繰り返している。武蔵野市の場合はプロジェクト自体が人為的に中断されたために消失した。しかし小金井市の「偶発的商学公市民連携ビジネス1」は、ビジネスコンテストというセレンディピティ発見システムが地域のなかに独自機構としてできたことで吸収され、発展を続けている。3つの商学公市民連携ビジネスの仕組みを動態戦略論の枠組みに添って説明すると以下となる。なお、図表3-10において、これまでに創発された商学公市民連携ビジネスをまとめておく。

　　（セレンディピティの機能をもつヒト；学生、中間媒介者：地域内部からの参入）
　　①意図的戦略：自治体、商店会関係者の立てた戦略
　　②突発的戦略：学生の立てた戦略
　　③未実現戦略：学生や地域関係者の立てた戦略のなかの脱落戦略
　　④慎重に検討後、実現した戦略：商店街と学生、教員等が検討した統合戦略

4　小金井市商工会ビジネスコンテスト本体の生成過程と仕組み

ビジネスコンテストの仕組みは、市内の事業者、および市民から地域性のある製品、商品、サービス等の企画を募集し、地域ブランドに育成するための組織である。応募されてきた企画から、企業の利益にとどまらず、地域活性化にもあわせて貢献する可能性を有する優秀なアイデアを選抜し

た。入賞作品には、実現のために地元金融機関、および商工会等からの資金援助、および経営コンサルタントによる助言支援を進めている。

　進め方は市内で機能する企業、市民を対象に事業企画を公募し、年一度の公開プレゼンテーションにおいて審査を行う。その際、個別企業の利益を指向する企画には、地域活性化、地域ブランドの構築へとシフトすべく審査員からの助言が行われ、その後、一年かけて実現への支援が続き、誕生した製品、サービスは商業振興のさまざまな場面に登場する。

　ビジネスコンテストはセレンディピティの機能を果すヒトを見つけだすネットという意味合いをもつだろう。いわば新奇性を浮上させて掬いとるためのトラップの役割を果たしている。フェーズ1ではあいまいであったそうした仕組みがはっきりと観えるようになったのがフェーズ2である。

　セレンディピティ発見システムに飛び込んできた起業家、学生、商工業者のリーダー等は状況に応じてセレンディピティの役割を担う。こうしたヒトが発想する新奇性が、これまであった既存の組織とからむことで、既存構造から観ると違和感のある新しい組織が生成される。地域のゆらぎが増幅され閾値突破する状況は次第に明確になりつつある。これを突発的戦略に着目した動態的戦略論から観るとフェーズ2の位置づけは次のようである。

　　（セレンディピティの機能をもつヒト：起業家、商工関係者、学生、
　　中間媒介者：内部、外部からの参入）
　　①意図的戦略：商工会の立てた戦略
　　②突発的戦略：コンテスト応募者（学生含む）の立てた戦略
　　③未実現戦略：応募戦略のなかの脱落戦略
　　④慎重に検討後、実現した戦略：企業利益、地域利益を統合する戦略

5　ビジネスコンテストの成果

　この仕組みを通して誕生した製品、サービスの主なものを列挙すると図表3-11、図表3-12のようである。武蔵野市での実験の特性は学生と商店街

関係者の関係性組み替えが主となった。小金井市の実験は地域資源としてヒトを中心に据えたうえで、湧水、自然等の物的資源を"おもちゃ"としている。地域特有の人的資源の関係性を組み替えることを通して、"おもちゃ"に付加価値をつけ、衣食住という多様な面から必要なことを製品、サービス化する試みという色彩が強い。その意味で地域資源の総合政策的

図表3-11　2006年度ビジネスコンテスト入賞企画（抜粋）

1	■ルバーブジャム(地域特産品)の製品開発と商農連携の販売ネットワーク構築 ルバーブは軽井沢の特産品としての知名度はあるが、一般的にはあまり知られていない。この野菜を軽井沢と気候が似た小金井市の特産品とする企画。JA 女性部を中心にした女性ネットワークを核に市内の農地の空き空間に作付けし、生産技術を開発、普及する。ジャム加工場を建設し、地元産ルバーブを原材料とするルバーブジャム生産を開始し、商工会組織を通じて販売普及にあたる。将来は商工会と連携し、市内商店街を販売拠点として販売、普及を図ることも計画中。
2	■伝統的職人前掛けから発想した「黄金井あきんど前掛け」 ■学生との協働開発による「黄金井あきんどベスト」 帆布製職人前掛けを、現代風にアレンジし、漢字ロゴ等をいれて日本初の1枚から、注文を受けるオリジナル前掛けとして製造、販売。「黄金井名物あきんど前掛け」として市内の商店への普及を展開する一方、全国の美術館、居酒屋、美容院、金融機関等へ販路を広げる。マスコミへのリリースが効果を発揮し、全国への知名度が大幅アップした本件企業は現在、ニューヨークの現地法人とも代理店契約を結び、アメリカ国内での販売も開始。一方、小金井市商工会は、この製品技術を応用し、商人の誇りを形にする全商店街共通ユニフォームとして、学生のデザインを導入し、「黄金井あきんどベスト」を試作完成させた。詳細は次節で記述する。
3	■全国初の屋台カフェの創発とコーヒー生豆の焙煎技術開発 全国初めての焙煎コーヒー屋台の開発と、市内販売を通した小金井市名物の育成。これまでは市販の焙煎済みコーヒー豆を使用していたが、ビジネスコンテスト入賞賞金によって自家焙煎に切り替え、品質のよいコーヒーの提供を実現。コストダウンと販売量の増加による売り上げアップに成功した。
4	■黄金井名物洋菓子「野川のせせらぎ」の開発 黄金井名物となる和風デザートの開発と、市内大型店舗での販売。野川は市内を流れる河川の名称。「水と緑の小金井市」というキャッチフレーズにあるように、同市の優良な自然環境シンボルとなっている。

図表3−12　2007年度ビジネスコンテスト入賞企画（抜粋）

1	■障害者の仕事創発「六地蔵クッキー」の仕組みづくり NPO法人が主体となり、障害者の自立支援として小金井市の史跡名称を冠したクッキー製造販売組織を開拓。ビジネスコンテストに入賞した市内和菓子店の協賛を得て、協賛和菓子店舗内に「地蔵コーナー」を開設し、協働販売を計画中。
2	■名物商品「甘酒まんじゅう」の開発 応募者最高齢者（80歳）の店主が、学生と並んでプレゼンテーションに臨む姿勢を評価。小金井市の特産品である桜、栗を素材に組み入れた和菓子の開発。
3	■名物商品「お地蔵最中」の開発 良質な湧水が地域資源である小金井市にあって、本件店舗が所属する商店街協同組合は、同商店街内の史跡「六地蔵」境内に井戸を掘り、水をテーマに統合的な製品、サービスを開発中である。本件和菓子はその一環として企画された。図表3-3で示した学生による井戸端デザインは、この商店街を舞台にしたイベント事業。
4	■雨水発電製品を企画する「潤いまちづくりの実験」 雨水浸透枡設置率が世界一の小金井市の特徴を活かし、企業の協力を得て中央線高架橋を活用した社会実験を展開。
5	■「日本標準時が生まれるまち、小金井市」をブランド化する電波時計の開発 日本標準時は、小金井市にある独立行政法人情報通信研究機構（NICT）のデータによって決められている。このことを地域の資源ととらえ、「日本の時刻（とき）が生まれるまち、小金井」をテーマとした電波時計を開発。
6	■スタジオジブリスタッフロゴデザイン協力によるマイハシの制作 商店街オリジナル「マイハシ」の制作。小金井市市制施行50周年記念ロゴと、市内在籍企業であるスタジオジブリスタッフのデザイン協力を得て作成した商店街ロゴをプリントした試作品を完成。啓蒙普及を図るとともに、オリジナル製品へのシフトを検討。
7	■学生による「銭湯寄席」 東京農工大学、東京学芸大学落語部による市内銭湯での寄席の開催。企画運営スタッフを同大学生を中心に組織し、第1回を2008年5月に開催

活用が模索されていると言えよう。

　しかし、ビジネスコンテストの展開をスパイラルの全体構造を観察すると、第1回に比較し、第2回の入賞作品は小ぶりになり、保守化する傾向が観られる。理由はコンテストの枠組みが小金井市に限定されていることから、新奇性の大きいセレンディピティの発掘は次第に困難になってきた

第3章　触媒機能を軸とした共同体進化の実験

ためと推測される。このままでは状況から観てスパイラルは均衡、あるいは縮小過程に向かうことが予測された。

6「偶発的商学公市民連携ビジネス2」の構造

けれどもビジネスコンテストの本体スパイラルが、停滞、縮小傾向をみせるなかで、こうした危惧を跳ね返すように偶発的に発展し出した分岐がある。内部組織、外部組織のセレンディピティがそろうことで、本体から分岐した新芽のように創発したのが、図表3-13の「偶発的商学公市民連携ビジネス2」で実現した、次のふたつのビジネスである。

(1)「黄金井あきんどベスト」事業

「偶発的商学公市民連携ビジネス2」の構造を表したものが図表3-13である。閾値突破1は「黄金井あきんどベスト事業」で観られた。第1回ビジネスコンテストの入賞作のひとつに、伝統的商人文化の象徴である帆布

図表3-13　偶発的商学公市民連携ビジネス2の構造

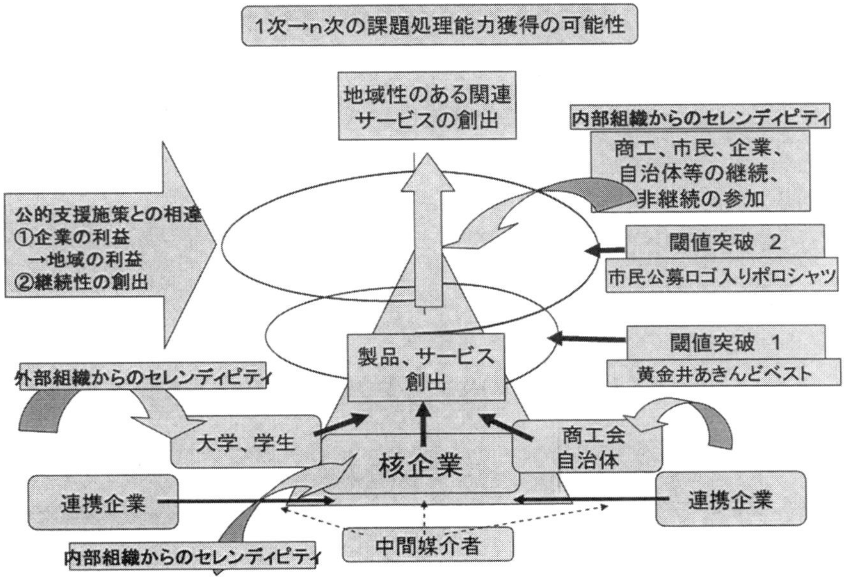

前掛けをITとアナログな人間関係との双方のネットワークを駆使してオリジナル製造することに成功した社会企業のA社がある。この企業が開発した小金井市のイメージブランド「黄金井あきんど前掛け」を黄金井商人（あきんど）の団結の象徴という意味合いを込めて、機能性を加味した作業ユニフォームへ転用する企画が「黄金井あきんどベスト事業」である。

　実現のためにはビジネスコンテストに入賞した起業家（A社社長。内部組織からのセレンディピティ）と東京女学館大学の学生（外部組織からのセレンディピティ）が素人の強みとして思いがけなく発揮するデザイン力を遭遇させるという思いつきが要りようだった。これを提案したのは小金井市商工会会長である。

　事後に観れば、セレンディピティが小金井市内部からの参入（A社）と外部からの参入（学生）として、内部、外部から偶然に揃ったことが誘引になり閾値突破をもたらした。この場合、図らずもその中間媒介者になったのが商工会長だった。内部組織からのセレンディピティ発見のみに頼るというコンテストの仕組み自体がもつ制度限界に対し、なんらかの問題解決の糸口を参加者のひとりが発想したと観れば、参加者がやりながら学習するなかで偶然に突破口を発見する形となったものと言えよう。現在は試作品完成の段階であり、今後の展開が待たれるところにきている。

(2)「市民公募ロゴ入りポロシャツ」事業

　閾値突破2は「黄金井あきんどベスト事業」の学習が潜在的に蓄積され、そのうえに新しい発想が加わり、参加者を変えて閾値突破1と類似した仕組みが発生したことでもたらされた。自治体が事業主体となり、市民公募の小金井市ロゴを入れた自治体ユニフォームを、あきんどベストの製造を手がけたA社（内部からのセレンディピティ）が制作した。製品は自治体ユニフォームにとまらず、商工会が中間媒介者となって市民への販売も実現した。内部組織からのセレンディピティとして、自治体商工経済課の職員、商工会役員、市民、起業家等が継続、非継続に仕組みに参加するようになり製品を創発した。

現在は、こうした仕組みの継承によって分岐したスパイラルは拡大傾向に向かっている。既存化に向かおうとするスパイラルは、新たに新奇性を投入できる仕組みを編入することで、1次からn次の課題処理能力を獲得する可能性が示されたと考えられる。

7　総括（フェーズ2）
①セレンディピティ発見システム「特殊型」組織の持続可能性
　セレンディピティ発見システム「特殊型」（フェーズ2）は、セレンディピティ発見システム「不在型」（フェーズ1）に比較して、継続性と付加価値創発性で優位に立つ。理由は「特殊型」組織がセレンディピティを継続的に発見するシステムそのものであることによる。
②セレンディピティ参入方法の特性（内部組織からの参入に限られる場合の限界）
　「偶発的商学公市民連携ビジネス1」は内部からのセレンディピティを発見し、上向きのスパイラルの勢いを得て、ビジネスコンテスト本体に吸収され、いわば本体の駆動力を増すためのタスクフォースとして機能した。しかし、時間経過にともない、セレンディピティの発掘を内部組織のみに依存するようになると組織の同質化を促し、保守化、つまり既存化が進み、スパイラルは均衡に向かう。
③セレンディピティ参入方法の特性（内部組織、外部組織から参入する場合の持続性）
　内部、外部からのセレンディピティを自在に発掘するシステムを組織がもつならば、常に新奇性との相補性の状況を保つことができ、次々と上位の段階のスパイラル増幅が始まることが予測される。また、フェーズ2では内部、外部からのセレンディピティが揃うことで「偶発的商学公市民連携ビジネス2」という新芽が生まれた。元の組織の枠組みを超えて新しい仕事をこなす組織という意味合いで本体のスパイラルに分岐が生じ、芽が吹き出たようなスパイラルが展開を始めた。スパイラルが良質の循環に入れば共同体の自己組織化は継続に向けて体力を蓄えはじめると考えていい

だろう。

④ヒトという経営資源がもつ可能性

　第1章の経営の定義で示したヒト、モノ、カネ、情報という経営資源分類で観ると、地域経営という視座から小金井市において特異なのがヒトを経営資源ととらえ、組織化する力である。それが他の地域の模倣が困難な仕組みに練り上げられれば独自経営資源となる好例と言える。

　日本、あるいは世界という規模でとらえれば、観光都市、芸術都市といった総合政策の展開軸となる資源を有しない地域の方が圧倒的に多数である。しかし、どんな地域にも存在するのはヒトである。地域開発の手法のひとつとして人的資源を経営資源ととらえ、あわせて自然環境、社会文化環境等の風土を経営資源ととらえ、これらを"おもちゃ"としてヒトの関係性組み替えを軸にした協働の仕方を発見することは、これからの地域経営のひとつの突破口と考えられる。

第4節　多摩ひろば棲み分け実験　フェーズ3

1　実験参入のきっかけ

　同じ方向に向いた問題意識という意味での共時性が重なって偶然が必然化する仕組みは、フェーズ3でもフェーズ1、フェーズ2と同様に展開されたととらえていいだろう。実験参入の主なきっかけは次の5点である。

　　①東京都商工会連合会は東京都から商学公連携事業の新たなシステムを開発するよう要請を受けていた。
　　②東京都商工会連合会はすでに数年かけてこの課題に取り組んでいたものの、システム開発に難航していた。
　　③昨年までと違うコーディネータを探すなかで、この分野での経営コンサルタント人材リストにたまたま著者が発見された。
　　④フェーズ2で紹介した小金井市商工会の活動が同連合会に以前から関心をもたれていた。

⑤著者は、たまたま一橋大学、亜細亜大学のスパイラルに内側から参加し、観察する機会を得ていた。

　こうしたことが重なり、互いの行動力や関心がひとつのつながりを手元に引き寄せる感覚でことが進み始めた。

2　「多摩ひろば棲み分け実験」の役割
　フェーズ３は2002年度より東京都商工会連合会が主体となって推進している「商学公連携事業」の調査事業を継続する形での調査・研究として進められた。東京都商工会連合会の統括する領域は東京都の27商工会所在地域である。具体的には都内23区を除く市町村を包含する多摩地域、および島嶼地域がそれにあたる。こうした地域で商学公市民連携ビジネスを模索するいくつかの「特殊型」の共同体の関係者などによる委員会が創られ、それぞれの地域で、あるいは連携してビジネスを進めるための仕組み設計が試みられた[*5]。

　序章で述べたように商学公市民連携ビジネスが全国各地で立ち上がってきたのはほぼ2002年以降であり、その意味で活動履歴は浅い。したがって基本的な調査例はあるものの、それが展開されるプロセスや活動の本質を原理追究した本格的分析は著者の知る限りほとんど存在しない。

　また、既存の調査のほとんどは教育機関側への着目から進められたものである。それらは大学に向けてのアンケート等で活動内容を問うヒアリング結果等をまとめた、いわば活動情報の収集段階に終始している。そうした背景を考えると、それまで個別な事例の集積であった商学公市民連携ビジネスの仕組みに、組織構造の視点から注目し、なにか普遍性のあるシステムを発見しようという「多摩ひろば棲み分け実験」の意味はおのずと明らかになってこよう。

　そうした役割を果たすためにフェーズ３では教育機関側からの商学公市民連携ビジネスのアプローチへの着目と、地域側からの商学公市民連携ビジネスのアプローチへの着目の統合を試みた。従来の教育機関側のアプロ

ーチへの着目のみでは十分な本質理解に至ることは困難と考えられるからである。現実の商学公市民連携ビジネスは教育機関側と地域側との相互作用のなかから立ち上がるものである。その相互作用から得られた結果を関連づけて全体の意味構造を識ることが求められた。

3　着目すべき3つの事例

調査委員会では、まず多摩地域での商学公市民連携ビジネスの特性を識るための事例をいくつか選んだ。教育機関側の事例は、既アンケート調査、ヒアリング調査において回答を得た大学（東京都中小企業振興公社, 2006；東京都商工会連合会, 2007）、約100例のなかから活動の独自性が顕著に認められる亜細亜大学と一橋大学を取り上げた[*6]。地域側の事例は、「特殊型」セレンディピティ発見装置を有する自治体である小金井市を取り上げた（小金井市商工会）。

亜細亜大学は大学が主体となっての活動、一橋大学は社会学部の講座が主体となる活動事例である。一方、小金井市の場合は自治体、商工会、市民等が多様な形で参加し、複数の大学、学生を受け入れて展開する状況を本章第2節で示した。いずれも組織として特定のシステムをもつことで継続性が維持されている点で着目される。

4　3事例の特性とスパイラルの構造

こうして選択された3つの事例を特性に着目して概観すると次のようである。

(1) 亜細亜大学（フェーズ1型；非連続に複数地域で展開）

◎活動概要

亜細亜大学は教育の基本方針に、大学の使命としての地域連携、社会貢献活動を掲げ、学長を組織上の中間媒介者として産学工連携事業に取り組んでいる。大学が主体となっての事業展開に特徴を持つ。財源は学内予算である。

さらに、2つめの特徴は大学内の拠点として地域産学公連携推進室を設置している（この組織の名称には産学公推進がうたわれているが、実質的な活動の主軸は商学公市民連携事業といえる）。この推進室が地域に密度の高い関係性を維持することに務めており、まちづくり協議会、商店街、東京都商工会連合会、他大学等との関係性が綿密である。そのことから多くの組織から多数の活動依頼がある。このように地域から広く参加を求められる庶民性と草の根的に地域に入っていける実践力が亜細亜大学の大きな魅力といえる。

　一方、組織化手法は地域産学公連携推進室に集まってくる依頼について、推進室が事業ごとに学生、教員を募りチームをつくって活動する仕組みである。関係者からのヒアリングによれば、課題は学生が自ら社会のなかの問題を発見し、解決策を模索、提案、実施する仕組みをいかにして全体構造に組み入れるかがあげられている。

◎スパイラルの特性

　大学は使命として地域連携ビジョンをもち、現在は大学本体のスパイラルが展開している。地域産学公連携推進室のスタッフを実質的な中間媒介者として、大学の所在地である武蔵野市の商工会議所、自治体、まちづくり協議会、および東京都商工会連合会等と連結することで本体のスパイラルから連続、非連続にイベント、調査、協働事業等のスパイラルが誕生している状態である。

　なお、担当者からのヒアリングではスパイラルがフェーズ1の段階で収束し継続性に欠けることが課題とされている。その原因は大学側が学生集団をまとめるための固有システムを有しないことにあると考えられている。展開先地域側にセレンディピティ発見システムが「不在型」なことも課題であろう。大学と地域との相互関係そのものが次段階のセレンディピティ発見システムを創発する方向に向かうことに解決の糸口があるように観察される。

(2) 一橋大学（フェーズ2型；国立市内での展開、他県、海外への連携展開）

◎活動概要

　同大学の連携事業のコンセプトは、教員、国立市の商店会、商工会、学生、国立市民、NPO法人、自治体等が、大学が所在する国立市の富士見台団地の空き店舗活用という共通課題に出会い、「教育と思いやり」を共有理念に、国立らしいまちづくりをしていくことにある。基盤には国立市の産業振興プランを大学の教員、学生と共同研究したいとするという市の要請があった。

　中間媒介者は同大学大学院社会学研究科の林大樹教授等、複数の教員である。「移動大学の実験」として、2002年に正規の授業であり、単位取得科目である「まちづくり」が開講された。講座を受講する学生は座学において社会連携の意義やモチベーション、リーダー能力の養成等を習得する。それとともに、国立市のまちづくりに参加し、学生主体のプロジェクト活動を開始した。学生の一部は国立富士見台地区の商店街理事会にも出席し、現場における課題発見を自ら進めた。

　2003年に運営母体として「くにたち富士見台人間環境キーステーション」が発足し、活動拠点が同団地内にある空き店舗4店舗に置かれることになった。同時にこうしたプロセスを経て同講座は2004年から2007年まで、文部科学省の特色ある大学教育支援プログラム（特色GP）の選定を受け予算化が可能になった。文部科学省補助金の終了とともに、特色GP関連の事業はかなりの程度整理しなければならなくなったが、次に紹介する事業を中心にさらなる展開を進めている。

①コミュニティカフェ

　　　単位取得科目の受講学生（在学中、何回でも単位対象科目としての受講が可能）が設立した学生サークルにより、定休日（週1回）を除き、経営を5年間、継続中である。損益分岐点を上回る収益をあげ、学生等はそこから有償労働としての自分たちの報酬を得ている。

②まちかど教室

　　　子どもから大人まで趣味や特技を伝授し合い、研修するための"場"の提供がコンセプトである。その意味で一橋大学のサテライトスクー

ルとは趣旨を異にする。国立市に近年増加したメゾン型の高級レストランシェフによる料理研修会は地域住民参加、学生主導による"場"の創発であり、興味深い。

◎スパイラルの特性

　講座の使命としての教育づくり、まちづくりのビジョンのもとに講座を主軸とするスパイラルを展開している。まちづくり調査室のスタッフを学生と地域との連結者として、国立市商工会、自治体、NPO、市民等と連結し、均衡、ないし拡大を続けている。本体のスパイラルから連続、非連続にイベント、調査、協働事業等のスパイラルが誕生する。

　林教授からのヒアリングでは、主力であるコミュニティカフェにおいては創業時に比較し、参加者の問題意識がまちづくりの創発といった創業理念達成に近いものから、喫茶店経営そのものへと移行が観られると言う。

　この状況は本研究に引き寄せれば、ひとつのスパイラルが独自のサービス創発の仕組みをほぼ完成させ、それを付加価値として蓄積しながら一旦活動が秩序化しつつある状態とも考えられる。そのなかから次の課題としての混沌が生まれることで、次段階のスパイラルが始まる時期がきているように観察される。

(3) 小金井市（フェーズ2型；；小金井市内での展開）

◎活動概要

　多様な教育機関との柔らかい関係性を育成しながら、学生のアイデアや触媒機能を吸収し、企業、市民、商工会等のアイデアと連結を試みている。第3節で示したように、一つの行政区そのものが「特殊型」セレンディピティ発見システムとして機能しているという意味で着目すべき地域である。

　こうした3事例のビジネスシステムを可能な限り、並列に比較したものが図表3-14である。

図表3-14 商学公市民連携ビジネス事業システム比較

主 体 (活動領域)	亜細亜大学 (武蔵野市、調布市、日の出町等)	小金井市/小金井市商工会 (小金井市全域)	一橋大学 (国立市全域、他県、韓国)
中間媒介者 (キーマン)	プロジェクト責任者である学長、地域産学工連携推進室担当者	商工関係者、教員、中小企業診断士、学生	教員数名
事業費予算	学内予算 事業委託料 文部科学省補助金	商工会、地元金融機関出資(ビジネスコンテスト予算等)	文部科学省補助金等
主な連携関係	学長、教員、学生(組織単位:大学)、地域街づくり協議会、他大学、商店街、東京都商工会連合会等	商工会、学生(組織単位:講座、有志、サークル)、企業、商店街、自治体	学生、教員(組織単位:講座)、自治体、商工会、商店会連合会、市民、等
キーステーション	ナシ	ナシ	国立富士見台団地、空き店舗4店舗
教育システム	主にクラブ活動、学生有志 一部単位取得科目	単位取得科目 一部学生自主参加	単位取得科目
組織化手法	地域産学工連携推進室が事業ごとに教員、学生を募ってチームを編成し、活動	自治体、商工会が主体となり、東京学芸大学、東京農工大学、法政大学、東京女学館大学の学生を随時参加させ、継続性を確保	座学と現場活動の総合学習。教員、スタッフが柱だが、活動はすべて学生の自主性に委ねられている
成果(モノ、サービス)	共同事業、イベント、調査、地域開放型授業、大学コンソーシアム等	商業祭の参加、ビジネスコンテスト入賞企画の製品、サービス化等	カフェ、野菜販売、まちかど教室、アート誘致活動等
戦略の方向性	地域振興→総合地域サービス	商業振興→地域ブランド開発→総合地域サービス	まちづくり、教育づくり→総合地域サービス

5 「多摩ひろば」における連携プロセス
(1) 連携型ビジネスに向かう動きと中間媒介者の消失
　1）多摩東部地域での「移動大学の実験」

　図表3-14から読み取れる重要な視点は、主体が教育機関であろうと、地域であろうと、最終的な戦略の方向性は、総合地域サービスの創発に向かっている点にある。状況の背景には20世紀までの社会価値観のなかで構築された社会組織では充たすことができなかった社会価値を、地域社会の住民に先駆けて発見し、充足するサービスが模索されていることが推測できる。また、ここまでの実験の結果からは、同じ課題をもつヒトや組織は共時性をもち、連結を繰り返すことがわかった。

　そうであるならば、この先の総合地域サービスは、教育機関と地域という同じ目的に向かう組織の統合がもたらす認識領域の探りあいによって、連携戦略によるビジネスを生みだしていくことが予測される。これをもとに仮定するなら、商学公市民連携ビジネスは実験の発展段階区分としての、セレンディピティ発見装置「不在型」、「特殊型」のそれぞれの共同体の活動を通して多摩地域で棲み分けを進めると同時に、何らかのやり方で、多摩ひろばというひとつの共同体に「統合型」としてまとまるのではないだろうか。

　この仮定を念頭において、「多摩ひろば棲み分け実験」でとりあげた3事例を入れて現在の多摩東部地域の「移動大学の実験」におけるネットワークのモデル化を試みたものが図表3-15である。実験領域は武蔵野市、小金井市、国立市、調布市、立川市を中心とする地域が該当する。

　多摩東部地域での「移動大学の実験」を進めている大学を図中に示した。実験を進める組織の間のネットワーク形成プロセスを理解する事例としてすでに紹介した「人間環境キーステーション」と「ひろば創造実験」の関係性を取り上げてみよう（林・辻, 2009, 54〜59頁）。

　一橋大学を核にした「移動大学の実験」につながる活動は1998年に始まる。同年に電気通信大学、東京農工大学、一橋大学、中央大学、法政大学の教員が中心となり、「多摩地域の大学間ネットワークを利用して、起業

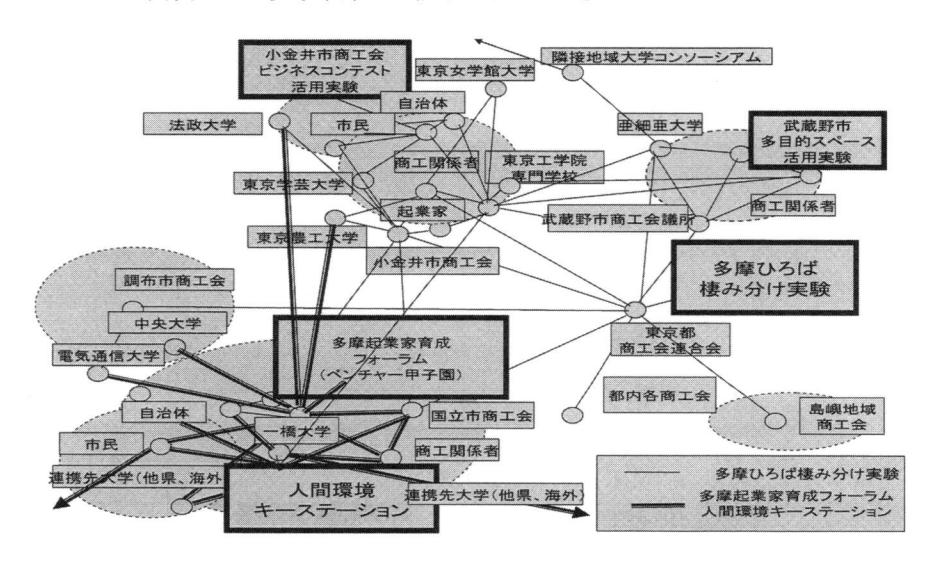

図表3-15　多摩東部の「移動大学の実験」ネットワークの姿

家を志す学生、地域住民に情報を提供し、起業化を支援する」多摩起業家育成フォーラムが設立された。

　このフォーラムは「ベンチャー甲子園」と銘打って学生、市民等から起業アイデアを募集するビジネスプランコンテストを実施した。これは第5回目まで続き、こうした現場体験型の教育の素地を得て始動したのがすでに紹介した「くにたち富士見台人間環境キーステーション」である[*7]。多摩起業家育成フォーラムはなにもないところになんらかの問題意識をもって立ち上がった組織化に向けての組織であり、本研究に引き寄せていうならば、フェーズ1に近いものと考えられよう。そして「ベンチャー甲子園」と「人間環境キーステーション」は組織自体が持続的なセレンディピティ発見システムとしての特性をもつものでフェーズ2に分類できるのではないだろうか。

　2）空間の破れによって導かれるヒトの組織化

　共時性がもたらす組織化の最も小さな単位は個人同士の結びつきである。

第3章　触媒機能を軸とした共同体進化の実験

これが多様な組織間統合の根源となる。そこで「移動大学の実験」が惹き起こした組織化の事例という意味で「人間環境キーステーション」の中間媒介者である林教授と「ひろば創造実験」の中間媒介者である著者との遭遇プロセスを紹介しておこう。林教授の活動を著者が知ったのは2004年である。これは学生の仲立ちによるものであった。ちょうどその頃に一橋大学とその支援母体である同大学同総会組織が主催する「21世紀のキャプテンズ・オブ・インダストリーを考える委員会」主催の学生のキャリア支援向け講演会の講師に招かれる機会があった[*8]。

　講演会に呼ばれた時期はちょうどフェーズ1を実験する最中であり、自身の生き方と現在進行形の活動について話をした。その講演後、聴講した数名の学生から、口々に「一橋でもまちづくりで、同じようなことをやっている先生がいますよ」と伝えられた。この先生が後に知り合うことになる林教授である。そうして声をかけてきた学生のひとりが同教授の指導するまちづくり授業の受講生であり、「一度、『人間環境キーステーション』を観にきて欲しい」と言われ、講演会の直後に現場を訪ねている。

　その後、著者はフェーズ2を展開していた2006年に組織化にかかわる経営コンサルタントという立場から、経営協議会委員、学長選考会議委員等として大学改革にたずさわるようになった。そのなかの大学教育支援プログラムを創る活動で林教授と遭遇したのだが、教授の存在を知ってからすでに2年が経っていた。

　後から考えると林教授と著者は2002年から2006年というほぼ同じ時間に、異なる空間で、異なる手法によって「移動大学の実験」を試行錯誤し、ある時期にたまたま起きた空間の破れによって遭遇したといえるのかもしれない。これをきっかけに、ときに林教授に導かれ、ときに学生の仲立ちによって、さまざまな活動が共有されるようになった。

　こうした、いわば中間媒介者同士の出会いの経緯は、ちょうど当事者同士の相互進化を通して共鳴行動を創りあっている状況に近いと言えるのではないだろうか。同じような問題意識に関与する人間として互いは無関係ではなく、多分に無意識であったかもしれないが、なんらかの関係性構築

に向けて、当事者もまわりも動いていたようだ。

　多摩東部地域には移動大学に関与する中間媒介者が、ほかに何人も存在すると考えられる。ここに事例であげた二人の人間の関係性構築は、おそらくそのなかの事例であり、ひとつの典型に過ぎないと思われる。実際に現場にいる身にはそうしたさまざまなヒトの進化プロセスが重層的に連鎖し、多摩地域のネットワークが形成されつつあることが体感される。

　3）個の力を超えて動く組織

　そのなかで着目すべきは、当初から中間媒介者の役割を果たしていたヒトのみならず、複数の参加者が周辺的位置づけ、中心的位置づけの同時存在を示し始めていることである。重要なのは、それにともなって、第2章で表したようなネットワークの連結が機能し始めている様相にある。多くの場合、中間媒介者は組織の遭遇を企画し、遭遇させた組織の一体感醸成に向けて"おもちゃ"を提示する役目をもつ相互触媒であった。

　しかし、多摩東部地域では組織同士の自己触媒機能が高進するなかで自己組織化がある程度進み、中間媒介者が強力に介入しなくても共同体が自律的に動く様子が感じられ始めている。たとえば「人間環境キーステーション」では林教授の支援をそう受けなくても商店街関係者、学生、市民の間で経営ノウハウの相互伝授が進み、その結果、コミュニティカフェは全国の類似ビジネスでは希な事例として経営を継続させている。

　また、同じよう名仕組みで武蔵野市の多目的スペースでは、その後、亜細亜大学の学生によるコミュニティカフェが開設された。小金井市ではビジネスコンテスト以外でも商業関係者、自治体、市民等の活動を基軸に、特産品の栗を使った地ビールの開発や「11万人のキャンドルナイト」と称する地域をあげてのエコロジカルなイベントが中間媒介者抜きで実現している。

　これらから考察できるのは、組織内、組織間の自己組織化が進み、参加者相互が自己触媒機能を強化することで彼等の生む関係性そのものが次第に相互触媒の機能を兼ねるようになることである。そうしたプロセスのなかで中間媒介者は参加者のひとりとして組織のなかに混じり込み、スパイ

第3章　触媒機能を軸とした共同体進化の実験

ラルのなかに溶け込んでしまう状況が観られ始めている。

　本書の序章で述べた「ヒトの働きかけが契機となって初動したはずの組織が個の力を超えて生き物のように渦を巻いて動きだす」という、著者の体験に基づく論述の実態がここにある。自分の存在が不要になりつつあるにもかかわらず、なぜかわくわくするという感覚が、実はこういう仕組みをもっているのだということに実験を進めることから気づいた。

　フェーズ3は異なった空間にいる異なった相手が相互に出会い、関係性を築くなかで互いが自己触媒となり、ネットワークを創発するプロセスと考えられる。そのなかでは「ひろば創造実験」や「人間環境キーステーション」のようないくつかの共同体が、形は異なるが相似に近い進化をたどり、なんらかの連携化に向かっているようである。

(2) 統合に向かう共同体
1) 二種類の棲み分け単位から成る連携の仕組み

　この関係性を「ひろば創造実験」のフェーズ1、フェーズ2、フェーズ3を用いて、セレンディピティの参加方法と動態戦略が生みだす付加価値の増分の関係から整理したものが図表3-16である。

　フェーズ1はセレンディピティ発見システム「不在型」であり、外部からのセレンディピティの参入という条件下に限定して製品、サービス開発（閾値突破1～3）をもたらした。そして外部からのシステムを失うことで継続性の中断をみている。しかし、活動は地域に継承され、地域住民との自己触媒機能の交換から相互進化の兆しをみせている。そのことから考えて、フェーズ1は環境によって遺伝子の進む方向が一方的に決定される遺伝子型空間から、共同体と環境が相互作用のなかで互いを修正しながら進化するという意味で後成的空間への展開過程である。これがフェーズ2、フェーズ3を生みだす原点でもある。

　フェーズ2はセレンディピティ発見システム「特殊型」であり、現在の状況は内部、外部からのセレンディピティを持続的に発見する体力をもち、これが継続する限りでは閾値突破を繰り返す力をもつことが予測される。

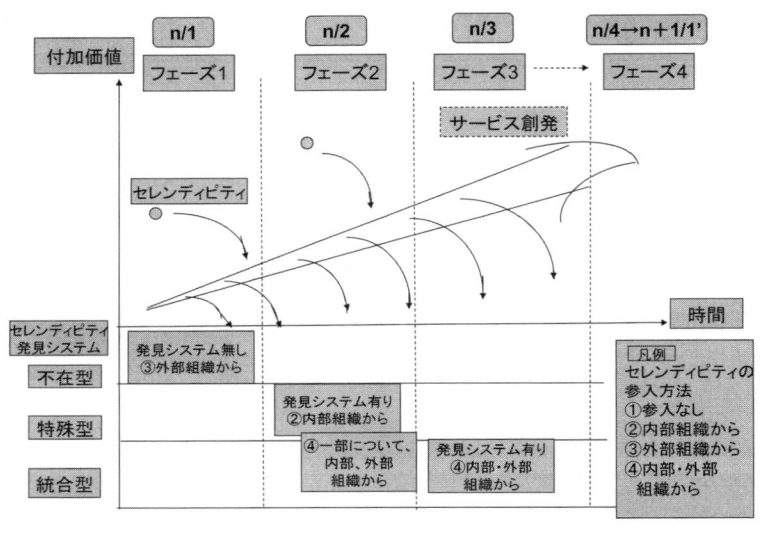

図表3-16　フェーズ１～3の全体構造

この場合の仕組みは「偶発的商学公市民連携ビジネス１」、「ビジネスコンテスト本体」、「偶発的商学公市民連携ビジネス２」の３つのスパイラルの統合から成っていた（図表3-9参照）。

「特殊型」とは継続する体力をもつある典型の組織という意味であり、スパイラル展開は小金井市の形態に限らないのはすでに述べたようである。内部、外部からのセレンディピティ発掘の仕組みをもつ多様な組織がフェーズ２に分類されよう。

フェーズ３、つまり「統合型」のセレンディピティ発見システムは次の二種類の棲み分け単位から成ると考えられる。第一の棲み分け単位はさまざまなフェーズ１、フェーズ２から成る自律的な個別組織である。その進化プロセスは内部、外部からのセレンディピティを自在に交換しうる組織ほど健全であると言えるだろう。第二の棲み分け単位は、形成された多様な自律的な個別組織が自在に連携しあう組織である。試行錯誤を経て特殊型の集合がひとつの統合としての「表現型」に至った状態と考えることができよう。

第３章　触媒機能を軸とした共同体進化の実験

　発展段階から観た実験の経過から考察すれば、フェーズ３はフェーズ１、フェーズ２と無関係に出現するものではないことは明らかである。図表3-15のような相互作用を通した相互進化を指向するネットワークがセレンディピティを交換し合い、自己触媒になりあうことで均衡、縮小、拡大を繰り返すなかで創発される。
　「ひろば創造実験」でいえば、事例であげた亜細亜大学、一橋大学、小金井市はそれぞれ、フェーズ１、フェーズ２を拡大したり、縮小したりしながら展開しており、目指すものは総合地域サービスという方向にあった。こうした共通する規則性から観れば、「ベンチャー甲子園」「人間環境キーステーション」でも複数の大学や地域が同じような展開を進め、目指すものは総合地域サービスという方向であると予測することができる。
　2)「統合」から「適応」に向かって
　こうした組織間の相互進化が進めば、現在そこまでには至っていないものの、Waddingtonの相互作用を基盤とした進化論に基づくなら、共同体は多摩地域というひとつのローカルな空間において互いに影響を与えあいながら、なにがしかの「適応」に至るものと考えられる。2008年度に起こった世界的な経済危機の影響もあり、現在この事業に関する東京都からの予算は一時停止している状況にある。しかし、組織進化の展開から観れば、必ずその先があることは想像に難くない。個別の教育機関や個別の地域では達成できない特殊型の統合としての「表現型」空間を経て、「適応」はすなわち多次元の表現型空間にとってどこかで共通する一次元である。Waddingtonによれば、「適応」の共通の課題は「どれだけ子孫が残せるか」であるとされる（Waddington, 1969, p. 364）。統合を通してなんらかの成果が生み出される段階がほぼ確実に近づいているのかと考えられる。

5　総括（フェーズ３）
①地域との統合により自己組織化し、相互進化する教育機関
　教育機関と地域がそれぞれに組織でありネットワークであることを考えれば、それらの統合による付加価値創発の仕組みは、第１章で得た自己組

織化、つまり自己創発性の仕組みであり、第2章で得たネットワーク進化の仕組みで置き換えられる。

②自己組織化の"場"でサービス機能が創発される

"場"としてのなんらかのオープンな仕組みが構築されることで、地域、教育機関、学生等の潜在能力が刺激され、必要なサービス機能が創発される。そのプロセスを分析するなら、まず共有資源を特有な形で組み合わせるための連携が模索される。組織の連携が成立すれば、教育機関、地域、市民等のどの組織にとって三方一両得の関係を創ることにつながる。成果を統合した第三の解として誕生するサービス機能が、新たな社会価値を生み出す。

③自律的な個別組織と、個別組織の連携で構築されるひろば

「ひろば創造実験」のように、領域が東京都多摩全域、さらにそれ以上の広域な"場"になれば、単純な単一の独自機構では、多数の共同体の遭遇の同時進行に対応することは困難である。単一の機構では、複数機構相互のもたらす予期せざる相乗効果といった、偶発性がもたらすゆらぎの生まれる余地が少なくなるからである。

④広域なひろば創造に向けての"組織化のための組織づくり"の必要性

「多摩ひろば棲み分け実験」を通して、個別の共同体が周りを統合してオンリーワン戦略を創発した。さらにそれらが統合されて、より広範囲のオンリーワン、すなわち「適応」に向かう生きた動きを識ることができた。

それを進めるためのひとつの方法論を「移動大学の実験」にとるなら、そこにはふたつの役割がある。ひとつは個別の「適応」を目指すことである。もうひとつはより広域な範囲から多様な組織が自由に参加し、各自が独自機構をもちながら全体で相互作用をもたらす統合された「適応」を目指すことにある。そうした両方の「適応」を創発するために必要なのは"組織化のための組織づくり"であると考えられる。

第5節　世界ひろば棲み分け実験　フェーズ4

1　兆し
(1) 世界連携を目指す

　フェーズ4はすでに序章等で紹介したように、一橋大学が現在進めようとしている世界戦略の仕組みに言及する。フェーズ1から3までは商学公市民連携ビジネスを通して、共同体がセレンディピティ発見システムとしてどう組織化されるかを論じてきた。そうした点からするとフェーズ4は展開のフィールドに段差があり、非連続感があると感じられるかもしれない。

　しかし、すべてのフェーズは「移動大学の実験」という意味で共同体が異質性の遭遇を創りだすためのセレンディピティ発見システムとしていかに構築されるかを追究するものととらえれば、つながる一線が観えるように思われる。その意味からはフェーズ1から3までは学生と地域との遭遇による互いの課題解決力の向上を目指す仕組みであり、フェーズ4は学生と世界との遭遇による互いの課題解決力の向上を目指す仕組みであると言えよう。

　フェーズ4は著者にとっての「小金井市商工会ビジネスコンテスト活用実験」「多摩ひろば棲み分け実験」と時期を重ねて携わることになった教育機関が進める世界連携戦略への支援である。研究の立場から言えば、大学改革を「移動大学の実験」という面からとらえ、大学という共同体にかかわる大勢の参加者のひとりとして状況に埋め込まれながら学習しつつある未来に向けた進化プロセスの経験、観察である。

　日本では2004年にすべての国立大学は法人化された。それを契機に帝国大学として明治以来、いわば官の支援保護のもとで安定的運営を進めてきた国立大学は教育の主体としての自由競争のなかにおかれ、独自の戦略構築が求められることとなった。こうした環境変化のなかで一橋大学は、現在6年をくくりとした国立大学法人の第一期中期目標・計画期間の最終年

度に入り、第二期中期目標の向けての具体化を始めようとしている。

その教育面についての具体的戦略が、後掲する一橋大学学長声明で明らかにされた「将来的には、たとえば『本学のすべての学部学生が海外の大学で相当の単位を取得することを卒業の要件にする』」（杉山，2009）と言う、いわば学生の全員留学の仕組みである。この戦略は同時に派遣する学生と同数程度の海外からの留学生受け入れの仕組みをあわせもっている。

(2) "公器"を創るという仕事

一橋が目指す連携戦略は、本研究の第4章以下で主に展開するプラットフォームの議論を先取りするならば、オンリーワンへの組織化として大きくふたつの意味をもつだろう。第一は一橋大学のなかにも、連携先大学のなかにも異質性の遭遇によって学生と大学との相互の課題解決力を向上させる仕組みができることから導かれる。一橋大学はこうした革新的教育システムの中核となることで世界に類のないオンリーワン・プラットフォームの連結点の機能を果たすことになる。国立大学として単独でこうした目的にそう組織化を進める大学は知りうる限り世界にほかにないからである。

第二は同大学と留学の仕組みを通して互換性ある教育戦略を推進する海外の多数の大学との連携が進めば、それぞれの大学が教育のグローカル・ハブとなるとともに、世界をひとつにしたオンリーワンのグローバルな教育システムとしてのプラットフォームが創発される可能性があることである。いわば世界をひとつにした、きわめて社会貢献度の高いセレンディピティ発見システムが出来上がることが予見される。それは学生というヒトの関係性組み換えが創発する、世界循環器を連想させる仕組みという意味でのコンテクスト型の教育システムの革新であり、それを通した社会変革である。

本章冒頭の段階分類手法で紹介したように、Jantschは進化の螺旋的展開は4段階から成るとする。この考え方によれば、フェーズ4の「移動大学の実験」は、教育というシステムが世界連携を目指し、互いにとっての自然環境、社会文化環境である世界との相互作用のなかで螺旋的展開の4

第3章　触媒機能を軸とした共同体進化の実験

段階目としてひとつの安定値である「世界観」に達っする段階と考えてよいのではないだろうか。その意味では「普遍型」のセレンディピティ発見システムの役割を果たすことになると言える。

　仕組みの実現を通してそれぞれの大学は自分の大学の学生を育てるとともに、世界の学生を育てる"公器"となる。"公器"とは社会一般のためにあるものを意味する。ヒトを育てる"場"である大学は自身を他と差別化するための戦略を志向する以前に、学生の成長を第一に据えた教育サービスを志向する使命感をもつことが大切である。その役割から言って、教育システムという組織能力を即、学生へ向けてのサービス機能とする連携型大学モデルの存在意義は大きい。

2　衆目の一致するところから生まれた大学モデル

　この戦略の発意が大学参加者のどのヒト、その組織に最初から生まれたの追うことを試みたが、結論から言えば現在よくつかめていない。しかし、進化論の立場から言えば、おそらく一橋大学の戦略は時期を同じくして大学に関わる教職員、支援母体である同窓会組織関係者等の複数の組織から必要性を母として自然に湧き上がってきたものではないだろうか。

　そうした人間の一人である著者の体験を、発想を生むひとつの典型として紹介すれば次のようである。ちょうどフェーズ2を始めたころに、すでに述べたように組織化にかかる経営コンサルタントの立場から経営協議会委員等への推薦を受けて大学改革の中間支援者の役目を果たすようになっていた。その活動のなかでヒトを育てる"場"である大学の戦略は、学生をへのサービスを軸に創発される使命をもつのではないかと考えた。具体的には学生の課題解決力を増す現場体験型教育をシステムとして構築できたら、おもしろい世界戦略ができるのではないかという発想にたどりついた。

　発想の背景には東京都を領域とするフェーズ3を設計するようになり、地域の規模が大きくなることで、フェーズ1～2でそうしていたように自分が直接、学生とともに現場に出向くことの困難性が高まるのに気づいた

115

ことがある。同時に地域と学生との遭遇は互いの課題解決力を増すことにも気づいたので、それを仕組み化することを構想するようになった。自身がかかわる「移動大学の実験」による地域連携の先に、学生と世界が遭遇する世界連携の仕組みを思いついたと言える。

　しかし、この発想は単なる個人の思いつきではない。大学に関わる多くの可能な限りの関係者の集まる場に出向き、定性的なデータ集めをして得た結果が衆目の一致としてひとつの戦略にまとまったものである。けれども、情報収集は最初から意図的に進めたものではない。大学と支援母体との中間媒介者の役割を果たすために「ともかく大学というものを内側から識りたい、参加者の仲間に入れてもらいたい」という一心で動いた結果、気がつけば手元に情報が集まっていた。しかし後から振り返れば、この取材方法も川喜田のいう衆目評価法（1977, 63～90頁）に近いやり方によっていたようだ。

　2006年の活動開始時には川喜田の存在さえ知らなかったのだが、結果的に「360度から」「飛び石伝いの」「ハプニングを逸せず」「なんだか気にかかることを」「定性的に」関係する人々の声を取材した結果、発見したことであった。著者のなかで寄りあってきたさまざまな声を、「意見のバラエティをまとめ」「点を線に変え、線を面に変え」てきた。その意味でひとりの人間のなかに定性的に集まったたくさんのヒトの意見が川喜田によって開発された KJ 法に近いやり方で、自主性をもつ生き物のよう寄り集まっていった。そして、あるとき、ひとり歩きを始め、衆目の一致するところがひとつの大学モデルに向かっているのを気づかせられたものである。

3　未来を導くために

　プロセスの積み重ねからその先を発見していこうとする本書にとって、フェーズ4はプロセスの最中にあるために研究としては成果に至らない段階である。したがって全体像を述べるにはあまりに兆しに過ぎない状況の積み重ねの状態である。そこで、ここでは公的に刊行、あるいは発表された文章や声明でもって向かうべき方向の断片を紹介することにとどめたい。

第3章　触媒機能を軸とした共同体進化の実験

これを読んで下さる方々が教育機関が閾値突破していこうとする経営プロセスに参加され、一緒に考え、それぞれの共同体の未来を導くための連想領域になることを願って転載した。

　　未来を創る

中小企業診断士　辻　朋子

（出所：「如水会（一橋大学同総会）会報」2008年10月号掲載）

　中小企業診断士になって10年、夢中でやってきた。社会活動経験を通じて自分を育ててくれた東京という地域に直接に役立ちたいという一念で、武蔵野市、次いで小金井市で仕事を開拓した。学生、企業、商工業者、市民、行政など関係する皆さんのマッチングを図って、暮し易くするための製品やサービスを創るのが仕事である。2007年には東京都商工会連合会から声がかかり、都全域の商学公市民連携事業の設計を始めた。（中略）

　自分が関われるこのような公共性の高い仕事とは、自ら仕事を選ぶのではなく、求められたら、それに応えて生き、多くの方々に仕えることであると肝に銘じている。こうした思いに、この先、どんな分岐が待っているのかはわからない。だが、まずは今私が関わっていることから取り組んでいこうと考えている。そのひとつが、2006年から務めている一橋大学の経営協議会委員として、大学改革に自分の考えを明確に持つことである。

　経営協議会委員に就いてから2年余、可能な限り大学に関わる場に参加し、学生、先生や職員の方々、如水会の先輩・後輩と経験をともにしてきた。そのなかで、ある先生が「一橋を公器にしたい」と言われた。公器とは辞書を引くと、社会一般のためにあるものと書いてある。この言葉が私の心から離れない。その一方で、如水会の今後のあり方を先輩たちと相談する中からは、如水会を株式会社にしてはどうかというアイデアにも出会った。

　このふたつの言葉は、きっと、新しいものを創るときに必要なキーワードになる。異質だからこそ、補い合うとおもしろいと感じた。考えなければならない点はたくさんあるが、提案したいのは大学と支援母体である如水会とを一気通貫にした仕組みである。この両組織は私の知る限り別個に検討されてきた。しかし求められるのはユニークな連環の構図であると思う。そこで、たとえば、「学生全員に一年間の留学機会。世界の大学との交換留学で」というのはどうだろうか。海外で学んだ如水会の派遣留学生たちは客観的に自身を観る力をつけて帰国し、自主的にOB会を組織化した。まとめ役は実に存在感のある女子学生だ。彼らの卒業後の活躍も多様である。他方、一橋は約50ヵ国から常時、600名以上もの留学生を受け入れている。先生方も留学制度をますます充実させたいと動いておられるようだ。

　良いところを他大学がマネできないスケールで伸ばせたらと思う。公器として、

一橋が本学の学生に留まらず、世界の学生の人間形成を促す自律教育のハブとなったら、ヒトを育てる場としてこれ以上のすごさはない。
　あわせて、現在、社団法人である如水会は、公益法人制度の改革の一環として、法人形態の見直しを迫られている。経営哲学者で組織研究者でもあるメアリ・フォレットは、経営は収益性と社会に必要なものを与え合うサービスとの統合を目指す協働の科学だと言った。彼女のこうした考え方は、21世紀を非営利法人の時代と予言したピーター・ドラッカーに影響を与えたとも聞く。落とし処はいろいろあろうが、すでに黒字化した如水会が株式会社となり、現在進められている基金活動の終了以降も続く、大学への資金パイプができたらどうだろう。
　そうなれば、世界に学生を送り出し、世界から資金調達する大学も夢ではない。こうしたわかりやすい目的が、多くの方がムリのない範囲で「それなら一肌脱ぐよ」となる大学基金の目的にも求められているのではないだろうか※1。
　アイデアは壊されるためにあるので、この小さな提案は皆で一緒に考えるタネになってくれれば十分である。未来は決まってはいない。構成員全員の知恵を掛け算して創るものだ。私は未知の何かを創っていく仕事にずっとたずさわっていたい。育っていく共同体にゆらぎを起こすささやかな契機であり続けたいと思う。

　※1　現在、一橋大学は「社会のニーズを踏まえた教育水準の格段の向上と人材育成を主眼に置き」、その基盤となる資金の確保を目指して、目標額100億円の募金活動を進めている。

一橋大学学長声明
本学の課題と今後の取組みの方向性

　　　　　　　　　　　　　　　　　　　　　　　一橋大学学長　杉山武彦
　　　　　　　　　　　　（出所：一橋大学ホームページ、2009年5月6日掲載）

国際化・国際交流
　国際化の推進は、現在の本学の最重要課題として位置づけられる。(中略)。教育面については、将来的には、たとえば「本学のすべての学部学生に1セメスター相当の単位を海外の大学で取得することを卒業の要件とする」というようなかたちで国際化の姿を想定することができよう※1。　因みにこの想定の下では、約500名の学生がつねに本学から海外に派遣されていることとなる。　持続的な学生交流には派遣と受入れの均衡が必要であること※2、また、受入れのためには本学に適切な教育プログラムの用意と英語による教育の一定の体制整備がなされなければならないことを考えれば、直ちに上記の姿を実現することはおそらく困難であり、実際には、より現実的な規模での着手が必要となろう。
　本学に用意すべき教育プログラムとしては、他大学にはない、本学の独自性と強みを反映する内容のものとする必要がある。各部局（学部）の現時点における対応可能性と意志を考慮して基本的な内容を設定し、さらに本学が連携関係を持つ外部の資源を活用して、十分な特色と魅力を付加するよう工夫を施すべきであ

ろう。一定の交流規模を確保する観点からは、学部教育において短期プログラムと長期プログラムを用意すること、修士課程に対しては、学部とは異なる趣旨と規模のプログラムを設定することも必要とされよう。(中略)

国際化の推進には、派遣および受入れの準備体制の構築、留学生受入れのための宿舎の確保、海外拠点における適切な情報活動、如水会等の外部組織との密接な連携など、関連する組織・機能・担当者・施設の広範囲の連動と協働を必要とする。さらに、受入れ留学生の選抜方法についても海外における現地での直接的な面接選考により優秀学生を確保するべきことなど、ソフト・ハードの両面にわたって整合的な対応を考える必要があり、今後の全学的な推進体制の整備が不可欠となる。これらについては、現在の国際戦略本部のあり方や事務組織を含めた関連組織全体の再編強化にまで踏み込んで検討すべき課題であると考えられる。(中略)

本学としては、社会科学の総合大学としての特徴を生かした独自の内容の大学間連携と学生交流を目指し、着実に歩を進めることとしたい。「グローバル30」※3については、今後もプログラムの性格の精査を進め、あらためて活用の検討を行うこととする。

※1　海外で学んだ派遣留学生たちの卒業後の進路は、一部大手企業に集中するという従前の傾向と異なり、多様である。留学経験は課題解決を通して、自分とはなにかを見直し、独自性あるキャリアを開発する力へと転換されている。

※2　現在、約50ヵ国から常時、600名以上の留学生を受け入れているが、第二期中期計画の終了時期である2016年には、約900名の受け入れが計画されている。

※3　国が設けている大学における留学生受け入れを支援するためのプログラム(国際化拠点整備事業)。「我が国の高等教育の国際競争力の強化及び留学生等に魅力的な水準の教育等を提供するとともに、留学生と切磋琢磨する環境の中で国際的に活躍できる高度な人材の養成を図ることを目的とし、各大学の機能に応じた質の高い教育と、海外の学生が日本に留学しやすい環境を提供する国際化拠点の形成に向けた取組を総合的に支援する制度」とされる。しかし、国のプログラムに示された目的は受け入れの支援体制整備にあり、留学生の派遣支援への言及はない。

第6節　「まれな育種」を探して

1　大きな影響力のある組織へ

第2章で紹介したように、渡辺(2009)はヒーロー型のイノベーションと草の根型のイノベーションをあげて、その両立による社会革新を説明した。ヒーロー型のイノベーションは破壊的な革新をもたらすものであり、既存組織では認められない。一方、草の根型のイノベーションは持続的イ

ノベーションをもたらす既存組織の維持発展に貢献するものであるとされる。そして社会そのものの転換は将来のヒーローが、共鳴する草の根型イノベーション志向の人々に支えられるところに大きなインパクトが形成されると議論する。

そこでは、すべてのヒトが挑戦者となる層の厚みのなかから、いかに初期の段階で「まれな育種」(Dees2, 1998, p.6) を発見し、大きなインパクトをもたらす組織に育てるかが課題となるとされる（渡辺, 2009, 21頁）。「まれな育種」とは本論の展開では兆しを発見するセレンディピティの機能、あるいはセレンディピティが発見する兆しそのものにあたるのではないだろうか。

一橋大学をめぐる組織にあっても伝統に培われ既存性に充ちた構造のなかから萌芽した教育の革新への思いや動きに気づき、誰かが声にしなければならなかっただろう。勇気をもって衆目の一致するところを声に出し、社会に伝えるのはリーダーの役割である。そして、リーダーは共鳴する人々、つまりは萌芽となる動きを意識的、無意識的に繰り返していた参加者に支えられ、彼らの渦のなかに溶け込み、一緒になって動いてはじめて、大きな影響力のある組織が創発される。

2　社会そのものを変えていく革新

一方、Bilton（ビルトン、2007, pp.121-126）によればビジネス展開と社会組織の革新で、これからの社会に求められるのは進化的連結であるとされる。進化的連結では付加価値は微増、連結的であり、これは増分型の革新（incremental change）と言われる。増分型の革新を計画的に推進するには顕在、および潜在的な人的資源を経営資源としていかに再構築できるかが問われている。

両者の考えを重ねて観ると、渡辺の言う草の根型のイノベーションの意味内容をより具体的に分析したものが Bilton の言う増分型の革新にあたるように思われる。第3章で図式化したスパイラルモデルを想起すれば、それぞれを成り立たせていたスパイラルのひとつの周期は「最初のものへ

第3章　触媒機能を軸とした共同体進化の実験

と力強く遡っていく」（Jantsch, 1980 , p.38）ためのヒーロー型の革新と増分型の革新が創発する散逸構造の仕組みであると考えることができよう。

もう少しマクロの視点から観ると各フェーズは、それを構成する螺旋の数だけの散逸構造の繰り返しから成るスパイラルモデルであることがわかる。そして4つのフェーズは図表3-1で示した Jantsch によるミクロ進化の段階（本能、元型、パラダイム、世界観）から成ると推測される。

さらに俯瞰的にとらえれば、フェーズ1からフェーズ4は全体でひとつの大きな散逸構造を形成するヒーロー型の革新と増分型の革新の統合プロセスではないだろうか。それはなにかが生まれ始めたフェーズ1（「遺伝子型（n世代）＞後成的プロセス」）に始まり、フェーズ4の先に「適応」が、次の「不在型（遺伝子型（n＋1世代））」に向かう可能性を予測させる。実験の結果をまとめた図表3-16では付加価値を表す矢印が非連続の連続のなかで徐々に太くなっている様子でこれを表している。

この辺の詳細な分析にはさらなる時間と多様なヒトの力が必要だと思われる。しかし、未来に向けての経営は連携を基盤に基本原理はおそらくヒーロー型の革新と増分型の革新との相互作用的なアプローチをとっていくことは想像に難くない。「まれな育種」を初期の段階ですべてのヒトが挑戦者となる層の厚みのなかから発見し、組織そのものを大きな影響力をもつものに孵化させ（渡辺, 2009, 21頁）、いかに創造、破壊、再創造を繰り返させるかが課題となろう。このことは第1章で示した経営の定義に基づけば、ヒトとヒト、社会組織、企業をはじめとする多様な共同体にとっての共通の原理であり、その革新性から観て社会そのものを変えていく力につながることが推察される。

＊
1 商学公市民連携ビジネスの件数について全貌の調査は行われていない。おおまかな数字について日本経済新聞社発行のデータベースによる関連記事を拾うことで観てみると、1994年以降75件あげられていることが参考となる程度である。それは1994年1件、1998年1件、1999年2件、2000年7件　2001年9件、2002年13件、2004年24件、2005年8件、2006年25件となっている（東京都商工会連合会，

2007)。

2 Barnard（バーナード, 1938, p. 86）によれば、組織成立の3要素は、①協働意思、②共通の目的、③コミュニケーションであり、あらゆる組織にこの3要素が見出されるとされる。経済的成果のみを目的とする、目的追究型の既存の企業に代表される組織にはこの3要素は共通に適用できる。しかし、本書で探究するような参加者が一緒に作業し、やっているうちに目的が事後に観えて来るような組織の場合には、目的が事前にあることが前提とされる Barnard がいう組織成立要件の②は必ずしも適用しない。協働意思とコミュニケーションについてはいかなる組織ヒトでも必要なものと思われる。

3 フェーズが移行していくヒエラルヒー（成層的な分化）について Jantsch は老子の『道徳経』を例にあげて、そこに述べられた次のような創造的ヒエラルヒーとの共通性を用いて説明している。「道（タオ）は一を生じ、一は二を生じ、二は三を生じ、三は万物を生ず」（Jantsch, 1998, pp. 220-222）。

4 本研究段階では実態を十分にとらえることができなかったが、いずれは商学公市民連携ビジネスが世界展開に至る時期が来ることは想像に難くない。それを予想させる事例のひとつとして、フランスでは世界的ファッションブランド企業であるヴィトン社等が大学と連携し、建築科の学生と協働してショー会場をデザインするといったビジネス創造の新しいあり方が実現している。これは著者等が日本で展開するの同じ仕組みによる学生と社会との連携活動である。世界的にこうした活動の萌芽が観られるのであれば、それは商学公市民連携ビジネスのより国際的な連携の可能性を予測させるものと言えるのではないだろうか。

5 東京都商工会連合会は2002年度より「産学公連携推進研究委員会」を発足し、多摩地域における「産学公連携モデル」についての検討を重ねてきた。なお、実質的なその中心は2002年頃から全国的に多発し始めた商業者、大学、公的機関の連携にかかる「商学公連携事業モデルの調査研究」におかれている。多摩地域には優れた商業集積も多く、また大学も多数存在している。その意味で商学公連携の苗床としては適切な地域である。したがって、未だ本格的な調査報告が行われていないこの分野における究明は、地域産業活性化に寄与することが予想される。

6 大学の2事例の抽出は次のふたつの報告書を参考にした。財団法人東京都中小企業振興公社「商学公連携による商店街・商業地域活性化調査報告書」（財団法人東京都中小企業振興公社, 2006年）は商学公連携事業の活動状況について、都内に本部がある82大学から得たアンケート調査結果をまとめている。東京都商工会連合会「商学公連携事例調査報告書」東京都商工会連合会（調査委託：亜細亜大学地域産学公連携推進室, 2007年）は、都内に本部がある大学における商学公連携事業の取り組み事例を調査し、23大学から得たアンケート、ヒアリング調査結果をまとめている。なお、2007年度の調査では、本研究分野が理論的

な検討も少なく、分析枠組みも確定していないことを記述したうえで、調査から得られた課題として商学公連携事業を推進する枠組みにおいて、次の2点の必要性を指摘している。①組織、人材の多様性をともに求めることのできるオープンな仕組みの整備、②参加組織の思惑を超えたところで共感しあえる連携理念構築。

7 初年度のまちづくり授業には200名近い学生が受講した。従来の知識伝達教育ではなく、「人間環境キーステーション」に描いた大学と地域との連携、協働を実現するために現場生成教育というコンセプトが打ちだされ、体験型教育が実現された。1クラスは5人から10人の課題別の班で20ほどに編成された。課題別のプロジェクトチームは高齢化班、障害者班、国際化班、緑化班等から成る。活動のなかでも大きな特性をもつ商店街活動の詳細は本章第4節で紹介した。

8 「キャプテンズ・オブ・インダストリー」とは19世紀に活躍したイギリスの思想家であり、歴史家の Carlyle（カーライル）の言葉である。「国際的に通用する産業界のリーダーたり得る人材」を指し、一橋大学はこれを建学以来の人材育成の目標としてきた。そして現在は大学の基本理念が時代とともに移り変わろうとしていることを背景に、産業界のみならず、さまざまな分野にこうした人材を送りだすことを進むべき方向と定めている。

第4章
サービスが創発するプラットフォーム

第1節　ゆらぎを契機とした組織化

1　「在る」から「成る」への転換機能としての実験

　第3章では予測不可能性を価値とする時代転換に向けて、ヒトが契機となって進める"場"の形成を「ひろば創造実験」として理解した。本章はこれを踏まえて、"場"の構築の意味をプリゴジンによる散逸構造の理論を論拠としてより深く追究する。アプローチの方法は、自己組織化の仕組みを再整理し、第2章のネットワークの仕組みと、「ひろば創造実験」が生んだサービス機能に意味の追加を行うことで進める。

　プリゴジンは散逸構造の理論を通して、古典物理学に時間の概念を持ち込んだ。古典物理学では自然科学を自動機械とするならば経験のすべての要素には関係なく、初期条件の設定によってすべてが決まってしまうとされていた。これに対し、物理学で説明できる事象は時間的に不可逆な散逸構造の仕組みに則っており、決められた未来から、過去を逆にたどることは不可能であることを証明したのがプリゴジンである。彼は古典物理学を決定論から開放したことを評価され、ノーベル物理学賞を与えられたことで知られている。

プリゴジンは、さまざまな自己組織化が出現する基本条件は触媒作用によるといっている。本章ではプリゴジンの考えの経過を理解するために、彼の著書から時間的経過に伴った記述を追っていくことで接近を試みる。

　まず、比較的初期の著書である『存在から発展へ』のなかで、組織には存在としての「在る(being)」の状態と、発展としての「成る(becoming)」の状態*1という相補的なふたつの状況があることが提示される（プリゴジン，1984，24，82頁）。この両者の関係は「哲学の言葉を借りれば、静的な動力学の記述を存在と関係づけることができ、そうすると、不可逆性に重きを置いた熱力学的記述は動的な状況として発展と関係づけられる」と記述されている。

　存在から発展への変容を踏まえて、第3章の「ひろば創造実験」で示したセレンディピティの役割を見直すなら、静的な「在る」であった既存の組織、あるいは停滞した地域の状態を、動的な「成る」の状態に転移させる誘導の引き金を務める触媒の機能として理解できる。換言すれば、触媒は社会価値の過渡期にあって、一般にはまだ気づかれない社会の不安定性に、いち早く気づき、あるいはこうした状況にいち早く関与し、主体的に状況の変容に関わる。こうした能力が非平衡の社会状況に参入することでゆらぎを増幅し、「在る」の状態から、臨界点としての「成る」の状態へと、組織進化を促す。

　セレンディピティ発見システム「不在型」の「武蔵野市多目的スペース活用実験」では、「成る」としての製品、サービスの開発は単発的であった。一方、セレンディピティ発見システム「特殊型」の「小金井市商工会ビジネスコンテスト活用実験」は、継続的にセレンディピティが投入される仕組みを有することで、触媒が次々と参入した。触媒が触媒を刺激して連鎖反応を起こし、より大規模な「成る」が創発したことを、ここでは確認しておく。

　再び、プリゴジンの主張に戻ると、彼は散逸構造の中心的問題とは、自己組織化の究明として存在から発展への転移についての両者の関係性が、必然的に不完全であるが論理的に一貫性のあるものとして、どの程度解明

が可能かが鍵になると述べている。

　必然的に不完全とは偶然に入ってきた要素を指し、論理的な一貫性とは組織の行動をそれまでの必然性では説明できない偶然の結果としての必然の状態に導くことを意味すると考えられる。「ひろば創造実験」に置き換えれば、実験の初期段階の開発意図さえも関係者の間で不十分であった"場"で、参加者から観れば偶然に近い形でセレンディピティが参入したことが着目される。それによって潜在的な地域のニーズが発見され、ニーズを充たすものとしてサービス機能が創発された。

　当初は偶然起こったように思われたこうした一連のできごとに必然性があったことが後になって気づかれたことはこれにあたるだろう。以上をふまえて、次節では触媒機能のうえから、こうした転換機能の仕組みをさらに探究していきたい。

2　ふたつの触媒機能

　プリゴジンは偶然によって散逸構造が惹き起こされる仕組みを、『存在から発展へ』から3年を経た研究の成果である『混沌からの秩序』のなかで、触媒という概念を用いてさらに説明する[*2]。そのなかでは、「化学反応速度は変えるが、それ自身では変化することがない物質」を触媒と説明している（プリゴジン，1987，193頁）。さらに「外部からのふるまいに対して系が極度に敏感になるような、平衡から遠く離れた状態にあっては、小さな入力が驚くべき効果を生み、系全体が奇異に見えるほどに自己を再編成する」と記述している（プリゴジン，1987，204頁）。

　触媒の分類については、第1章で示したJantschの分類と同じく2つに分けて自己触媒と相互触媒[*3]とされる。プリゴジンは触媒の属性を分けたうえで、単一の触媒機能と、複数の触媒が関与し合ってもたらす機能について分けている。彼は「定常状態の安定性を危うくする唯一の反応段階は、単一の触媒のもたらす機能ではなく、複数の触媒が次々に現れて絡み合うことでできる触媒ループである」といっている（プリゴジン，1987，207頁）。

触媒ループについて、第1章で示した自己創出構造を説明する図表1-1に戻って説明するなら、この図には単一の触媒機能のみを記入したことを付記しておかねばならない。プリゴジンにしたがえば、散逸構造に至るには、実際には多くの場合、最初の触媒に刺激されて次々に新たな触媒が投入され、あるいは内部から誕生し続ける触媒によって触媒ループが形成される。

　その過程で系そのものの自己創出性は加速度的に増大し、それは、ある閾値に到達するまで進む。つまり、プリゴジンは自己創出性を増大させるためには触媒の連鎖的な行動反応が起こる必要があることを示し、これを触媒ループと呼ぶのである。そして、触媒ループの存在によって、ゆらぎは閾値まで膨らみ続けると説明する（プリゴジン, 1987, 207～220頁）。

　図表1-1を触媒ループを用いて再度説明するならば、既存度100%の状態の系に、ヒト、もしくは組織が触媒として参入することで、ゆらぎが増幅し、系は新奇性が100%の状態に陥る。さらにそれに触発されて発生した触媒によって、系は自己創出性を増しながら、組織化を続ける。同時に新奇度は既存度と相補な関係のなかでせめぎあいながら、だんだんに、新奇度を減少させ続け、同時並行的に既存度を増し続ける。

第2節　集団の力学による閾値突破

1　時間の矢という発想から観た予測不可能性のとらえ方

　予測不可能性を創造性と言いかえることが許されるなら、新奇性と既存性との複雑な絡み合いに向けて、ヒトがどう関わるかに応じてゆらぎが増幅し、散逸構造に向かうことが理解できよう。この理解は、自己組織化過程では、触媒が触媒に刺激を与え、次々に、「在る」から「成る」に向かうプロセスで当初の予測できなかった組織が誕生を繰り返していることを示すものである。

　第3章でこのことを用いて課題解決へ向けての意欲や行動力が、同じような問題意識をもつ異なった空間にいる相手を出会わせ、未知の何かが生

み出される仕組みを説明した。そうした状況では全体としての組織活動は混沌としており、参加者である個別のヒトの思惑を超えて動いていくようである。

　前節では、触媒によってもたらされた反応、わけても触媒ループによるこうした反応は系が本来有していたゆらぎを増幅し、閾値に到達させることを理解した。本節ではプリゴジンの時間の矢という概念を通して、ゆらぎによって、ある系が平衡から離れた臨界点である閾値へ引き込まれ、さらに臨界点を超えて次の平衡に転移する過程は不可逆である仕組みを整理する。

　プリゴジンはゆらぎの始まりから散逸構造が発展する変化は一方通行に進むとする。これは先述の不可逆性の論理であるが、わかりやすく理解するには、変容が不可逆に進む時間という概念の上に乗っているとして説明する（プリゴジン, 1987, 48頁）。

　時間は不可逆であり、未来にもたらされる結果から逆行して、現在の触媒の潜在能力を割り出すことはできないというのが時間の矢の基本的発想である。そうであるならば、触媒であるセレンディピティの生み出す成果は予測不可能である。時間の役割についてはプリゴジンの『混沌からの秩序』の序文でトフラー（**Toffler**）は次のように解説する。

　19世紀になって熱力学の第二法則が発見されることで、進化において時間が中心の課題となったことは序章で紹介した。トフラーはこの熱力学の第二法則を論理的根拠に、それによって支配される宇宙には避けがたいエネルギーの損失があるとする。そして、「エネルギーの損失は世界という機械が止まり、熱的な死に至るまで一方通行で続くのであり、『その前の瞬間とその後の瞬間は等価ではない』」という考え方を提示した。これがトフラーによる不可逆に進む世界の仕組みを司るものとしての時間の概念である（プリゴジン, 1987, 序文）。

　これに応えるようにプリゴジンは、「系に働く力が定常という意味での平衡な状態、もしくは平衡に近い状態ではなく、そこから遠く離れた定常状態の安定性を超えたときに、ゆらぎは膨らむ」と言う。ゆらぎは「減衰

せず、増幅され、系全体を巻き込み、エントロピー生成最小に対応した定常状態とは異なった新しい領域に向かって系を動かす」と解説する（プリゴジン，1987，201頁）。

このことはエントロピーを加速度的に増大させる方向に向かう時間の流れに乗って、系が「在る」から「成る」の状態に変容する過程を示す。増幅のレベルを測る尺度はプリゴジンによれば、「不安定が生ずる閾値とはゆらぎが平衡に近い系を特徴づけている正常で安定的な挙動とは異なる新しい挙動を起こせるような、平衡からの距離である」とされる（プリゴジン，1987，201頁）。

以上より、プリゴジンとトフラーとの考察に基づくなら、時間の矢の概念に則り、触媒の投入は、組織にとって「その前の瞬間とその後の瞬間は等価ではない」成果を加速することにつながると言えるであろう。本書に置き換えるならば、「ひろば創造実験」の"場"では、セレンディピティを発掘、投入する力が大きいほど、時間の経過とともに次々に触媒ループが創発され、事前に予測できない実用情報が生じることがこれにあたる[*4]。

2 ネットワークのゆらぎが起こす自己組織化

ゆらぎは時間の矢に添って触媒ループの働きで増幅されることが理解できた。こうした関係について、すでに第2章では、ネットワークの変容が散逸構造に導かれる様相を示した。ここでは散逸構造の詳述の視点から、ネットワークの仕組みに意味の追加を試みる。第2章では目的追究指向型ネットワークとセレンディピティ指向型ネットワーク、あるいは計画されたネットワークと創発型ネットワークという表現で、相補なネットワークが示された。

プリゴジンの触媒ループの考えにしたがえば、相補なふたつの組織のうち、「成る」の源は新奇度100％の組織を指し、セレンディピティの役割を果たす。「在る」から「成る」の過程で、同じく第2章で紹介したPerry-Smith等は、セレンディピティの機能がいくつかのネットワークの周辺的位置づけに居ることの重要性を指摘した。

第4章　サービスが創発するプラットフォーム

　ヒトは周辺的位置づけのポジションにあえて在ることで、自身が入り込んで活動しているいくつかの組織進化の全貌を把握することが可能になる。その結果、全体のネットワークを統合する方向で作用する。「ひろば創造実験」でセレンディピティ発見システムによって発見されたセレンディピティが進む行動パターンがこれにあたる。

　Perry-Smith 等は複数のネットワークに周辺からの参加をすることで、関与するすべてのネットワークの参加者と直接、間接に関与することができるとした。その場合は時間経過とともに、関与するすべてのネットワークを包含する、より大きな規模、または参加者の方向性がなんらかの包括的な概念で同じ方向を向いたネットワークの中心へと周辺からの参加者は移動する可能性を指摘した。これはセレンディピティ機能が創造性を発揮し、集団の中心に移動しながら、散逸構造を継続させ、組織の自己創発性を増大させる局面にあたる。また、他のネットワークのセレンディピティと連結し、触媒ループを誘発する仕組みも、このことから説明できる。

　しかし、同時に着目に値するのは、創造性があったはずのヒトがネットワークの中央に長く居すぎると関係性を革新的に展開することが困難になるという指摘である。Perry-Smith 等の言葉を借りれば、スパイラルの均衡状態が出現し、社会における公的正確性の欠如が起こると表現される。したがって、組織進化は特定の創造性あるヒトが君臨することで成されるものではなく、スパイラル転換を導くための健全な交代が必要だとされている。このことは第3章の実験でフェーズ1、フェーズ2、おのおのの内部、またフェーズ間でのセレンディピティの適切な交代が、両フェーズを包含したフェーズ3をもたらしたことからも明らかである。

　このようにして仕組みが緩くなったり、強まったり、組み替えられたりし、ネットワークが変容することがゆらぎの実態といえよう。プリゴジンの主張に基づくならば、自己創出性の増大の局面では散逸構造に向かってゆらぎをふくらませるには単一触媒では対応しきれず、触媒ループが必要なのである。

　プリゴジンの議論を本書のテーマに当てはめるなら、共同体に求められ

るのは複数のセレンディピティが触媒として次々に誕生することである。それによってヒトの間の相互作用のプロセスが積み重なり、その結果、散逸構造を創発できる体力を保ち続けることができる。こうした自己組織化の過程で起こるネットワークのゆらぎが、第1章で Jantsch が示した「組織の心」（Jantsch, 1980, pp. 161-162）を創発するのだと考えられる。

3　共時性が生む集団の力学

　ここまでの整理で、プリゴジンは時間の矢のうえでは触媒の投入によって、組織はそれ以前とは等価ではない予測不可能な成果を手に入れることを論理づけたことが理解できた。これを本書のテーマに置き換えるならば、共同体が触媒としてのセレンディピティを連続的に発掘、育成し、触媒ループを形成できる体力をもつならばセレンディピティ発掘力に比例して、予測不可能な規模の成果を得る可能性が示された。

　次にプリゴジンは、次なる問題意識を物理学の世界で成立する不可逆性の原理が、すでに論証をした熱力学、生物学以外の、哲学をはじめとする社会学の領域でも成立することを議論する。そうした世界でも、共時性を基本とした集団の力学という発想を用いることで、予測不可能性をもたらす不可逆性の論理が通用するのではないかという疑問に向けられていったのである。

　彼は、『混沌からの秩序』を経て、約10年後に著した『確実性の終焉』のなかで、時間と量子論のパラドクスの解明という視座から集団の力学のさらなる究明を試みている。プリゴジンは改めて時間の観念をとらえなおし、「時間とはすべてのものが一遍に与えられることをさまたげるものである」と述べている（プリゴジン, 1997, 11頁）。

　同時にプリゴジンは、時間の矢がある種の秩序を導くことを、著書のなかで実験室内での熱拡散の実験から示している。彼の記述によれば、この実験は19世紀から知られているもので、例えば、酸素と水素といった2種の成分を含む箱を用意し、一方の端を暖め、他方の端を冷やすと、一方の成分は箱のなかの熱い部分で高濃度となり、他方の成分は冷たい部分で

高濃度となるというものである。不可逆な熱流に依って生成されたエントロピーは、熱流から切り離されているときには不可能なはずの秩序を形成する過程へ導かれることを実験は示すとする。

　プリゴジンはここで言う科学実験を通して「不可逆性は秩序にも無秩序にも働く」（1997, 66～75頁）と述べ、不可逆性の建設的役割と表現した。時間の矢に伴う、不可逆過程は、物理学の基本法則で記述される可逆過程と同じように実在のものであると結論されたのである。

　あわせて、不可逆過程は自然界において、基本的に建設的役割を果すと結論する。彼は時間的に可逆な動力学の法則と、エントロピーに基づいた発展的な自然観との間の、見かけ上は、矛盾と見えていたものを乗り越えることが可能になると提示する。

4　建設的干渉がもたらす閾値突破

　この研究者が次に注目するのが集団の物理学という新しい考え方である。熱拡散の例でも明らかになったように、彼は非平衡系はより複雑な状態へ自発的に発展していくという。既に述べたように、エントロピーの生成速度は平衡状態では最小となる。そして化学反応は一般に何がしかの変化要因が乱入したときに、不安定になり非平衡に向けて進みはじめる。

　乱入とは熱拡散の実験では加えられた熱と考えて差し支えがない。人間社会の社会情勢に置き換えれば、大量生産大量消費指向から多品種少量生産指向への転換、地球温暖化、世界的な経済不安と言った自然環境、社会文化環境のゆらぎが相当するであろう。

　プリゴジン（1997, 56頁）は、こうして平衡から隔たりがある状況が出来上がり、初期反応物と最終生成物との量比が一定の値になると熱力学的分岐は不安定となり他の分岐が安定となることを数式から証明した。そして臨界の値である分岐点に達すると、振動的な化学反応とか非平衡の空間構造だとか、化学波だとか、あらゆる現象が出現してくるとし、このような空間的、時間的構造を用いて散逸構造を説明した。

　散逸構造は分岐点に至ると熊手型の分岐をさらに、次々、繰り返すこと

になる。ここで生まれるのは分岐における、2つの新しい選択であり、さらにその繰り返しとしての倍数の選択の可能性が生まれる。こうして平衡から遠ざかるにつれて相次いで分岐が増していく。それは時間の矢そのものであるがゆえに、何がしかの主体によって一旦選択された分岐は元に戻ることはできず、選択は選択を生んでいく（プリゴジン, 1997, 57～60頁）。

したがって、最初の選択を始めた段階で、主体を、たとえば、ある化学反応とするならば、これには確実という属性は消滅する。そこでは、2つから1つを選ぶという行動のゆえに、力学的に観た対象性が破れ、偶然性の支配が始まる。決められた未来という意味での安定性は消失するのであり、未来は常に選択の繰り返しとしての未知の構築物となる（プリゴジン, 1997, 57～60頁）。

このことは、量子論のジレンマ、時間の矢のジレンマをふたつながら解くためのキーワードとして、「確実性から確率へ、確率から可能性へ」ということばで表されている。そして、このキーワードを解に結び付けるために、プリゴジンは、著書のなかで水は加齢をするだろうかという問いを投げ、答えは、個々の水分子を取り上げる限り「ノーである」と指摘する（プリゴジン, 1997, 66頁）。

しかし、続けて、地質学的な時間の単位では、安定のままであるが、この系内に統計的記述の論点を持ち込む、つまり水分子の集合としての統計集団の考え方を持ち込むと、自然な時間スケールが存在することが証明できると言う。そして、集団の性質としての水の加齢は、次のような相関の考えを持ち込むことで説明されるとする。

水分子は衝突し、衝突によってそれらの間には新しい関係としての相関が形成される。そしてふたつの相関しあう分子は第三の粒子に衝突する。こうして、「二体相関は三体相関に転移されて継続する。ここに時間の矢に方向付けられた相関の流れが得られた」と述べられる（プリゴジン, 1997, 66～68頁）。

相関の考え方は、また統計的記述に重ねて、「統計的記述における自由粒子の相関は、自由粒子のつくる平面波を重ね合わせると、それらの波は

相互に干渉しあう」という議論をもとに数式を用いて証明された。そのうえで「建設的干渉の結果として残った軌道には、ある閾値において劇的な最大を持つ関数が得られる。」とする（プリゴジン，1997，101頁）。それはあたかも、無数の小さな波が干渉し合い、巨大な津波が形成される仕組みに似ている。

時間の矢の流れに乗った散逸構造を個の相関から分析した結果として、個々の動力学からだけでは解明できない、個の統合としての組織集団の惹き起こす相乗的な成果が解明されたと言えよう[*5]。これが不可逆性による予測不可能性に支配されながらも生じるある種の秩序の仕組みである。プリゴジンの成果は、たった一個の触媒、言葉を換えればセレンディピティが契機となって、時間の矢の存在を通して未来の建設が可能となることを証明したことにある。

第3節　サービスを創り出す"場"

1　サービスの新概念でとらえた建設的干渉

散逸構造に至る触媒ループ、集団の力学、建設的干渉という概念は新奇性と既存性との関係を別の表現で表わしたものである。本研究では、さらに、これらの関係を「ひろば創造実験」の製品、サービス生成過程に置き換え、仕組みを探究してみたいと思う。

探究を構造化するために、サービス研究の視点から新しいサービス概念[*6]についてまとめておきたい。Enis等（エニス，1981, p. 2）は、消費者が購買するのは有形財でも、無形財でもなく「便益の束（bundle of benefits）[*7]」であるとして、財貨とサービスの区別を否定する。

この考え方によれば、商品は買い手がそれによる欲求満足に実現を期待する質、過程、能力の複合体であり、消費者満足を生み出す便益の束である。買い手は商品の購買によって、便益の束から特定の効用を獲得するのである。したがって、財貨とサービスの相違は買い手にとって意味をなさないことになる。Enis 等に基づくなら、製品とサービスは統合してサー

ビス機能ととらえることができる。彼らは可視サービスを中核に、サービスの可視化を支援するための不可視サービスを周囲に展開する同心円モデルをサービスの総体と考え、図表4-1のような分類を提示した。

　人間性回復社会では、供給者起点のマスマーケティングを脱却し、生活者起点、顧客起点のマーケティングをいかに開拓するかが課題であると言われる。そうした課題解決に向けて、生活者、つまりサービスの受け手を起点に財貨とサービスを統合し、サービス機能ととらえる便益の束の発想は着目に値する。受け手の立場からするならば、可視化した有形財（核製品）と無形財としてのサービス機能（製品差別化戦略、マーケティングミックス戦略、潜在的製品としての環境保持力や社会貢献力）を分けることは無意味なことだからである。

　第1章で、Jantsch（1980, pp. 55-74）は社会文化段階における共生の基本は、生成物やサービスの相互作用によるコミュニケーションであると述べたことを紹介した。これを人間の共同体に置きなおせば、生成物とし

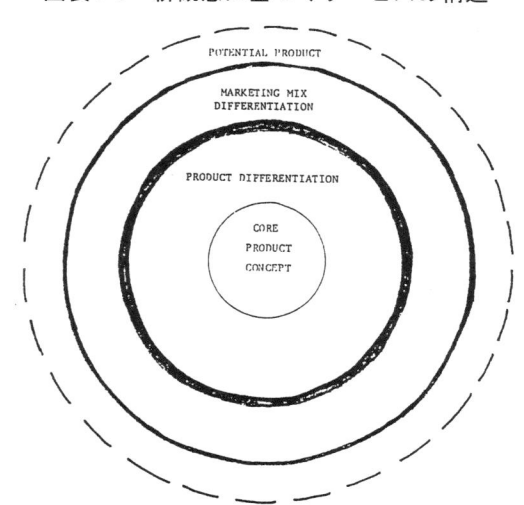

図表4-1　新概念に基づくサービスの構造

出所：Enis, B. M., Roering, K. J., "Service Marketing : Different Products Similar Strategy" in *Marketing of Services*, American Marketing Association, 1981, p.2.

第4章　サービスが創発するプラットフォーム

ての財貨とサービス活動は統合されて便益の束としてのサービス機能と考えることができる。財貨、サービスを一体化したものとすれば、第1章図表1-2に示した生命体間における生成物、サービスの交換は、「それぞれの目的達成のために人間が関係を持つときに発生する相互的人間交流活動」（本書におけるサービスの定義）ととらえることができる。このことを踏まえて、本書ではサービスがもたらす自己触媒機能による相互進化が、自己組織化を導くという議論を展開する。その意味で、本書のこれ以降の議論でもサービスについて便益の束というとらえ方を採用することにしたい。そうした視座に立てばサービス機能の交換とは人間の共同体にとってのコミュニケーションであり、共生の基本であることが再認識される。

　共同体にセレンディピティが参入すると、絡まりあって意味をなさなかった関係が再統合され、その過程で有用な選択と無用な選択の見分けが関係者に可能となる。これが、ヒトが契機となって便益の束であるサービスを無のなかからの有として創発し、交換する過程である。

　人間性回復社会を目指すサービスが組織の変容によって、柔らかいながら可視化し始めると、潜在化していた関係性がサービス創発に向けて自己組織化しだすのであり、速度は一層早くなり、的確になる。プリゴジンが示したように触媒は自身を変えることなく、進化の速度を変えるからである（プリゴジン, 1987, 193頁）。

　このようなプロセスを経ることで、創りだされるサービスが生み出す付加価値に言及するなら、「ひろば創造実験」では従前の既存性100％の状態での成果を10とするならば、既存性と新奇性の統合過程での散逸構造が生み出す評価は、全体で10以上を可能とする場が多い。トフラーが示した「その前の瞬間とその後の瞬間は等価ではない」という触媒ループの機能（プリゴジン, 1987, 序文）がもたらす付加価値がこれにあたる。換言すれば、建設的干渉がもたらす相互交流活動がサービスを創発する過程で付加価値が生まれる。

　例を引くなら、ガウディが設計したサクラダファミリアが想起される。建築物の企画の基盤には、未知のものを複数の建築家によってつくりあげ

るというガウディによる大きな設計意図だけがある。実際の建築物は、続く大勢のさまざまな建築家の設計図を包含し、ゆらぎながら目に見えるひとつの教会という形に可視化し続けている。その場合の建築の未来は決定論から逸脱しているものと考えられる。

そして、そこに次々に参加する建築家はセレンディピティの機能をもつ。彼らの構築物がそれまでに建築された部分を既存化された必然化行動とするなら、新たな触媒となって、ゆらぎをもたらし、全体構造に新奇性を吹き込み、新しい偶然が系全体を導く。

建築とは関わるすべての人間をこれまで想像しなかった選択へ導く閾値突破が創りだす分岐の繰り返しであるといえる。プリゴジン（1997，90頁）も著書のなかで、こうした現象についてフランスの詩人、ヴァレリー（Valery）の言葉を借りて建設であるといっている。「未来は建設される」ということばこそ、触媒ループが創る集団の力学にふさわしい。

2　アリーナとしての「ひろば創造実験」の"場"

ここまでの議論を進めたことにより、本書で追究してきた「ひろば創造実験」の存在意義はしだいに明確化した。社会状況そのものが抱える課題解決へ向けて、集団力学が生むサービス機能の創発過程そのものが本研究における実験であることが理解できよう。

「ひろば創造実験」をこうとらえるならば、社会哲学の立場から田中は、社会にあって彼の言うアリーナという"場"から生み出されるのは、具体的なサービス機能とサービス機能創発システムそのものの両方であるとする（田中，1998，227～245頁）。田中によれば、サービス機能とサービス創発システムは結びつくことによって新しい意味作用を生んでいく。そこに意義が生まれ、何かに向かって自らを超えていくとされる。

それを踏まえれば、新しい社会価値を指向するモノと活動との統合というサービス機能の創発は同時に無限の意味創発過程であると考えられる。ヒトは相補な関係を通して、ひとつを生み出し、それを土台にして次を生みだし、さらに一旦途切れたかに観えた"場"を、非連続に継承し、さら

第4章　サービスが創発するプラットフォーム

に新しい創発に向かっていく（田中, 1998, 227～245頁）。

田中は社会とはこうして揺れ動く土台を踏み固め、そのうえに社会を築きあげようとする、いわば闘争のアリーナのようなものであるとする（1993, 243頁）。そうであるならば、「ひろば創造実験」は社会そのものであり、ヒトが闘争しながら協働するアリーナと言えるのではないだろうか。

本書の趣旨に戻るならば、社会というアリーナはサクラダファミリアのように、ヒトの手によって建設されねばならないものである。そうであるなら、社会の建設のあり方について、ここでは純粋に社会学の視座から注目するよりも、持続可能性ということにも着目し、経営資源の組み替えによって参加者全員で何かを創りあげるという経営の視座から仕組みに迫ることを試みたい。

閾値突破を繰り返す循環を創ることで資源に模倣困難性を持たせるという立場からすれば、「ひろば創造実験」の"場"は電子市場のプラットフォームによく似た構造をもつ。模倣困難性とは、経営資源の価値に基づく持続的競争力獲得のひとつの方法である。具体的には経営資源をただ保持するのでは十分でなく、なかなか模倣できない独自性のあるやり方を組織体系に組み込むことで、はじめて継続的な競争力を獲得できるという考え方である。

これを踏まえるならば、今井（2006, 110～111頁）はこれからの経済社会においては関係とかつながりという言葉がキーワードになり、関係性をどう組み替えていくかが問題になるとする。そして、プラットフォームという言葉はコンピュータのシステムを構築し、展開していく基盤という意味で使われ始めたのであるが、今後、知識を構築するあらゆる基盤として広く解釈し、社会のあらゆるところに形成されていくべきであると言う。

共同体が組織化することで創発されるサービス機能としてのビジネスは、こうした視座から言えば、すべてプラットフォームビジネスである。プラットフォームを維持するには、ヒトを惹きつけ、"場"の創造性を高める演出としてと、全体構造の設計図、次に具体的な内容、さらに製造、物流、決済等の広義のロジスティクス戦略をサポートする機能が要求されると言

う。この3要素は言葉を換えれば、コンテクスト、コンテンツ、インフラストラクチャというITプラットフォーム構築に必要とされる3要素であるとされる（レイポート, スビオクラ, 1995, 81〜92頁）。

「ひろば創造実験」の意味を世界観へと普遍化することで、われわれはより広い意味での社会進化の基本を理解することが可能となるのではないだろうか。共同体にあって連想領域の大きいプラットフォームを創れば、ヒトの集団力学による散逸構造を導き、自己表現や経済活動の市場などさまざまなコミュニケーションの"場"が生まれ、組織化が促されることが予測できる。

そうした"場"が実際に動き出すことで、自己を建築する力をもつ組織が共同体として生成される。そこからは、特定の組織や地域という領域を超えて、挑戦的なしかも未知の段階に向かう可能性が生まれる。

＊
1 在る(being)、成る(becoming)　意味のうえからbeingはconvergence（①収斂、集合、②生物的収束）、becomingはdivergence（①標準からの逸脱、②物理的発散）と置き換えることが可能である。両者の相補性は、共同体を非連続の連続体の仕組みとして位置づけるための原理として使うことが可能である。本研究は共同体の大枠を識るためにbeingとbecomingの架橋を試みるものとも言える。
2 プリゴジンはこの著書のなかでは、熱力学を通して発見した物理学を基盤として説明する散逸構造の理論は、広義の生物学の世界のみならず、人間の都市化現象にも通用することを示した。
3 相互触媒について著者なりに解釈すれば、「自己触媒となる潜在構成を持つ因子の統合を仲立ちし、自身と同じ物を生み出す触媒」と考えてよいだろう。
4 トフラーは触れていないが、自己触媒とともに、相互触媒もまた、定常状態の安定性をあやうくする反応段階を導く誘引といえよう。
5 プリゴジンは科学も一枚岩でないとした。そして、「熱力学第二法則やそれが予言するエントロピーの自然発生的増大は個々の動力学的軌道から出発したのでは理解できないが、非常に多くの粒子の集団から出発したとき、粒子同士の無数の衝突から結果する大局的な変移の構造を用いることで、これに突破口を見つけることができる」と述べている（プリゴジン, 1997, 66〜67頁）。
6 サービス　定義は研究者によりさまざまだが本書では「それぞれの目的達成のために人間が関係をもつ時に発生する相互的な人間的交流活動」（浅井, 1989,

第4章　サービスが創発するプラットフォーム

271頁）に拠ることとする。
7 **便益の束**　財貨、サービスの融合性という認識に基づく分類概念はふたつに分岐してきた。第一は商品を構成する物的要素とサービス要素との混合比率を尺度とした連続体上に商品を位置づける、財貨、サービスの連続性の考え方である。第二は便益の束に代表される財貨、サービスの融合性を基盤にした商品概念モデルへの発展である（東，1997．30～31頁）。便益の束という発想は、伝統的財貨－サービス二分法にみられる形式的、硬直的な商品概念を脱却し、サービス経済化のもとで、商品のソフト化を説明し、マーケティング実践へのインプリケーションを導くものとして評価される（東，1997，30～31頁）。顧客からみたサービスの意味を重視するものであり、顧客が得られる財貨と活動の統合的機能をサービスととらえる考え方である。生産者起点から顧客起点へと、サービスをとらえる発想がシフトするなかで生まれてきたものである。

第5章
共同体の組織化行動

第1節　経営の原理を通して観た進化行動

1　相補性を基盤にした協働の科学

　前章の終わりで述べた連想領域の大きいプラットフォームとは言葉を換えれば共同体にあって、散逸構造が創発する"場"と言うことができる。第4章では自然科学に言及しながら、生成の仕組みから共同体を自己組織化させるためには触媒を契機とした参加者の参入動機を促すような、なんらかのゆらぎが必要であるという考察を行った。これを踏まえて、本章ではゆらぎの契機であるヒトの行動原理を通して、経営主体としての共同体の進化行動をたどってみたい。

　本書では理論的柱のひとりを Follett（2003, pp. 50-53, pp. 95-116）によることを序章等ですでに紹介した[*1]。Follett の議論の中心は、動態的な経営とは理論による原則と研究室を離れた現場実践とその検証との統合から導かれる第三の解としてはじめて導けるものであるという考え方であった。こうしたやり方によって求められる法則を本章では原理（principle）と定義したい。また進化行動については今西の考えを用いて、「生物における系統学によって裏づけられた、ばらばらなものに秩序

を見出す分類」と意味づける。

　以上を踏まえて、Follett（1949, pp. 61-76 ; 2003, pp. 117-131）の主張に再度言及すれば、経営とは収益性と社会に必要なものを与え合うサービスとの統合を目指す協働の科学であるとされている*2。その場合の協働の科学という言葉の主なる対象は企業であるが、Follett の研究は営利企業であろうが政府機関であろうが、広く社会組織に拡張できるものと一般に評価されているので、本書ではそうした視点からこの主張に着目をしたい。

　Follett は経営を説明するにあたり、まず建設的対立という原理から説き起こす。ここでいう対立は第3章でも紹介したように、戦い（conflict）ではなく、相違（difference）とされる。こうした意味での対立を処理する優れた方法として、どちらかが採用され、どちらかが排除されるという関係ではなく、双方を統合（integration）することで経営が成り立つことがあげられている*3。

　そうであるなら、建設的対立とは本書に置き換えれば、新奇性と既存性との相補性と考えていいのではないだろうか。科学としての経済的な効率性と環境や社会貢献を考えたサービス創発という相補性の統合を Follett は建設的対立のひとつと考え、経営ととらえているように観られる。そこに言う経済的な効率性とはテイラーが提唱したような単なる標準化を意味するものではない。それは天然資源の野放図な開発を抑止し、生態系と人間の生活との適切なバランスのもとに資源開発を管理するという意味での科学であるという考え方である（Follett, 2003, pp. 117-131）。

　Follett はまた、原価計算の科学、輸送の科学、作業活動の科学等はありえるが、協働の科学はありえないと反論を受けたことを述べている（2003, p. 123, 128）。反論者の論拠は、何らかの形で数値に置きなおすことができ、目標の設定が明確であり、目標から逆に始点をたどることのできる可逆性があるもののみが科学としてとらえることを許されるであろうという発想である。

　しかし、人間の関係性を基本と考える Follett（2003, p. 123, 128）の

経営の原理とは、数字で測れない蓄積もまた科学ととらえられることを主張したものである。第5章で、さまざまな検証を進めるのに先立ち、数字を根拠にした単純な二元論を排し、ヒトの活動が生む成果を実験から定性的に検証することで体系づけた知識によって、社会科学に解をもたらそうとするのが Follett の原点であることを抑えておきたい。

2　サービスの創発としてとらえた進化行動

　次に、協働の科学の構造を示すもうひとつの要素であるサービス動機について考えてみたい。サービスついて、Follett（2003, pp. 132-145）は能率、奉仕、機能の3つの言葉から説明する。能率は科学的管理で既に言及した生態系との共存の範囲での適切性ある効率性の確保であり、奉仕は愛他精神、機能はそれらの統合としての働きであるとされる。

　そうした分析を経て、サービスについて仕事を超越するものに対しての忠誠心であり、ある意味で宗教に近く、ロマンスのようであると説明する。「あらゆる人間を超越し、あらゆる人間の心のなかにあるもので、理想と呼んでもいいし、神と呼んでもいいが、人間に必ず存在しているものを外に現す機会である」と述べられている（Follett, 2003, p. 137）。

　その視座に立てば、サービスとは、「地域社会の公衆の意思よりも高いなにものかに責任を取ることであり、公衆へのサービスは全面的に公衆にしたがうだけではない」とされる（Follett, 2003, p. 138）。以上を踏まえてサービスの意味づけをし、企業における利潤とは、利潤を得るために他のことが犠牲にされない場においてのみ追究していくべきであるとして、科学の基礎とサービス動機の関係をまとめている。

　なお、進化行動を説明するのに、サービス概念を使う必要性について、ここで付言しておきたい。後述する浅井（1989, 271頁）は、「サービスは送り手と受け手が相互尊重の精神で継続的な協力関係を持つことで成立する」と述べる。それによると個人と個人、個人と組織、組織と組織のすべてを含む良好な人間関係の創発と維持発展がサービスの根本であるとされる。一般に商業サービスというくくりでとらえた場合のサービス業は狭義

の経営概念のなかにある。けれども、Follett や浅井のような考え方でより広くサービスをとらえようとするならば、ヒトの相互作用の基本の仕組みをサービスと置き、それが広い意味での経営の基本にあるという考え方が生きてくるだろう。

　第1章で Jantsch のコミュニケーションにおける送り手と受け手の交換の連環プロセスから導き「生成物、サービスを媒介にした"心"の介在する共生」をヒトの共生と置いた。さらに「こうした共生を共有ルールとして、統合体として新しい自治を創りあげる組織」を共同体と定義した。また、第4章では生成物、サービスをもはや分ける必要は無いことを説明し、これらを統合したサービス機能として提示した。

　ヒトの間で交換される対象を広くサービス機能ととらえて、浅井の言う「相互尊重の精神で、多様な組織を含む良好な人間関係から成りたつ継続的な協力関係がサービスの本質」に重ねれば、ヒトの共同体がサービスを交換し合う舞台として生き物のように発展する姿が観えてくる。サービス概念を用いることで、企業のような特定の組織内でのモチベーションや管理行動を包含した、さまざまな共同体の進化行動に迫ることが可能となる。

　経済、所属等に拘束されないヒトが、社会のなかで相互尊重しながら継続的な行動を示すプロセスをサービスが創発される仕組みから想起することができるのである。この意味から本書では次節以下で、組織の考察をサービス研究で補完し、進化行動を説明していく。

3　動態的な自己組織化としての経営

　サービスが組織化に果たす役割を明らかにしたうえで、Follett（2003, p. 198）に戻れば、あらゆる社会的過程には、相互作用、統一化、創発の3つの局面があるとされる。三者は同時に起こり、同時に進行するひとつの過程であるという。

　そのなかでビジネスの成果としての収益性と社会に必要なサービスを他の組織との互恵として開発し合うというのが、協働の科学を別の言葉で言い換えた見方である。ヒトが相互尊重の精神で継続的な協力関係を持つな

第5章　共同体の組織化行動

かでサービスを創発するならば、その過程で起こるさまざまな相互交換を通して共生が進み、共同体の組織化を生む。サービスのやり取りにともなうコミュニケーションからゆらぎが増幅し、そのなかから共同体が少しずつ形になり、次の進化行動へ向かう。

そう考えれば、新奇性と既存性との相互作用を基軸とする創発は社会のあらゆる"場"に発見できよう。Follett の言う創発の概念は、何か新奇なものが発展過程に現れた場合にさまざまな分野の科学者によって用いられている。

本書においてとりあげた Jantsch の組織論、プリゴジンの物理学、今西の生態学、Kilduff 等のネットワーク研究、ワイクの社会心理学、Eris 等のサービス研究等々において展開されてきた基本の原理はすべて創発の仕組みである。こうした研究者はすべて、Follett の後に続く人々であることを考えれば、その考え方は動態的に組織化をとらえようとするさまざまな社会科学に共通するものと言っても過言ではない。

以上の考察を経てみると第1章で示した経営の定義には、動態的な経営を探るという本研究の視座から次のような言葉を足すことができるのではないだろうか。すなわち、『経営行動科学辞典』における経営の定義には、「経営は生産の諸要素であるヒト、モノ、カネ、情報を結合し、生産力化する具体的活動の組織体であり、その運営である」という説明があった。

この部分について、次のように言い換えてみることを提案したいのである。それは、「経営とは、ヒトが契機となって新奇性と既存性とが遭遇することによってそれまでの価値観にゆらぎが増幅し、そのプロセスで諸資源の組み合わせが発見され、社会に必要なサービスを持続的に創発し合う組織化の営みである」という一文である。

こうした発想の背後に想起されるのが、ヒト、モノ、カネ、組織を経営資源ととらえ、それを統合することで組織能力を判断しようというリソース・ベースド・ビューという企業観である（Barney, 2003, 242〜245頁）。この企業観について沼上（2009）は、これまでの競争戦略で重視されてきたのはポジショニング・ビューであり、これは利益を生むことを第一に考

え、他者との差別化をするための選択と集中を決定するためのポジショニング分析を支援する考え方であるとする。一方、リソース・ベースド・ビューは、目に見えない資源まで考慮に入れて人材を育成しながら選択と集中の組み合わせを発見するプロセスアプローチを指すという。そうして観るならば、Follettの議論を通して本書が提案を試みるのはリソース・ベースド・ビューに近い、組織能力の判断を中核に据えた場合の経営の定義である。

第2節　共同体と環境との交換が建設するプラットフォーム

1　サービスを通した協働の"場"の可視化

では、次にFollett（2003, pp. 117-131）の提案した協働の科学を、経営の"場"でヒトはいかにして実現していくのかについて考えてみたい。ここではプリゴジンが用いた建設の概念を用いて、「すべての人間が想像もしなかった選択へ導く分岐」として、経営の実現の仕方を考えてみる。

第4章を通して本書はヒトの相互交換プロセスでは、生成物、サービスを分ける必要は無いことを説明し、これらを統合してサービス機能と置いた。そして、共同体とはサービスの交換を継続的にもつなかで維持発展する"場"であることを提示した。

こうした"場"を可視化するために、本書ではLovelock（ラブロック, 1981, p.340）等によるサービスビジネスの仕組みを借りて示すことにする。Lovelock等によれば、サービスは受け手と直接サービスを交換する送り手との間で行われる相互作用にとどまらない、複雑な要素の中で創発される。具体的にはサービスは提供する多様な組織のシステムの間に生ずる相互作用によって生み出されるものと考えられている。

サービス提供における錯綜した相互作用は、Lovelock等において表舞台と裏舞台とのふたつのステージで示される。第一のステージは、接客担当者（contact personnel）や物的環境施設（physical support or environment）が、顧客（customer）、すなわちサービスの受け手との関係のな

かでサービス機能を創発しあう、表舞台としてのサービスマーケティング・システムである。

第二のステージは、サービス提供組織が中心になり、接客担当者と物的環境施設が顧客に向けてサービスを創発し合う裏舞台としてのサービスオペレーション・システムと呼ばれる。両システムの関係は図表5-1のように表すことができる。

この図は組織化の視座から解釈すれば、営利、非営利機関に共通するサービスを創りだすためのビジネスのプラットフォームととらえることができる。そして、これは内部システム、接客担当者、物的環境設備、顧客というそれぞれのセクターが、いずれも組織であることを考えれば、組織間の相互作用の統合によるサービス創発の関係図である。

サービスの定義については序章で、「人間が関係をもつときに発生する

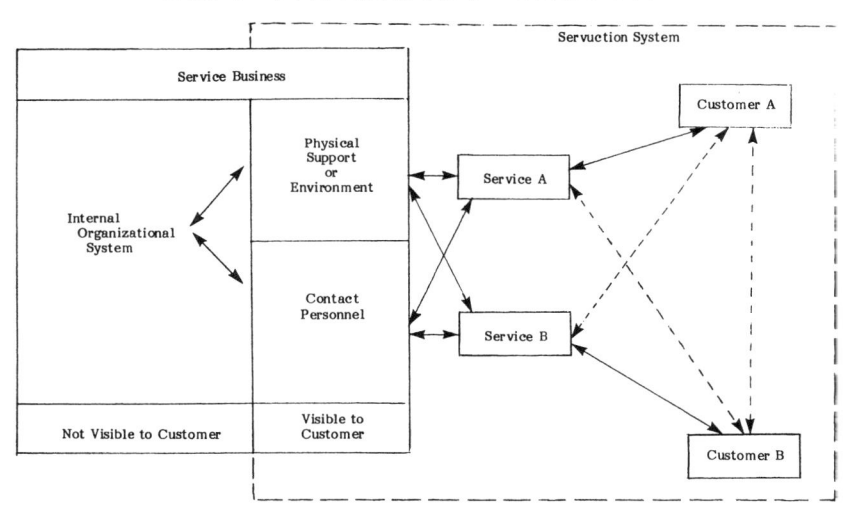

図表5-1　システムとしてのサービスビジネス

出所：Lovelock, C. H., Langeard, E., Bateson, J., Eigler, P., *Service Marketing : New Insights from Consumers and Managers*, Marketing Science Institute, 1981, p.340.

相互的人間交流活動」（浅井，1989，271頁）として示した。そうした活動が創りだされる継続的な協力関係を持つ"場"とは、図表5-1にみられる関係が時間の矢のうえで持続的に維持されていく仕組みである。その意味でこの図は、サービスを通した協働を可視化することによる経営の仕組みの基盤設計図と見ることができる。

2 協働の科学の本質

　観方を変えれば、Lovelock 等によって開発されたサービスの協働を通した経営の"場"の設計は、浅井のサービス概念を介在として、Follett（2003, pp. 174-180）が提案した協働の科学の実験の"場"の設計とも重なる要素が多い。Follett は経営者ではなかったので、実際に自分の原理を実験する機会には恵まれなかった。

　しかし、その影響を直接に受ける、受けないには関わりのないところで、実際に、現在、企業や社会組織において、協働の科学の発想に添った新しいビジネスへの挑戦が増えはじめている。Follett は19世紀後半から、20世紀前半という100年近くも前に生きた研究者である。それにもかかわらず、多くの Follett 研究者が時代に大きく先駆けたその思想を評価している。動態的な経営管理は、積極的に実践を繰り返し、その結果を積み重ねることのみが開拓の道筋だという問題意識は、現在もさまざまな分野で活かされているのである。

　Follett の示した思想をさらに深く考えてみると、経営原理の柱は哲学的社会観にあるように思われる。協働の科学は経営という仕事が単に生計を立てる手段としてではなく、市民が当然最も重要なこととしている新しい社会秩序の建設に対しての、はっきりした重要な貢献でなければならないととらえている。Follett に基づくならば、企業経営から得られる利益は株主や得意先の希望や従業員の利益と一致しているだけでなく、将来の社会を形成する潮流にも一致していることが重要であるとされる。

　そのための経営の"場"をどうやって創っていくのかを試行錯誤するのが実験という名の実践である。Lovelock 等の描いたサービスビジネスの

第 5 章　共同体の組織化行動

システムを経営を進めるための設計図として、これをさまざまな分野に共通する文脈という意味でのコンテクストと見立て、経営資源循環の仕組みとするなら、そこにはひとつの普遍性が見いだされる。この普遍な仕組みの中身を企業も社会組織もそれぞれに工夫し、サービス創発を目指して組織化を繰り返すのが、Follett の動態的な経営の求めるところである。

3　真のサービス創発に向かって

　Follett のとらえる実験の対象領域を現代の環境に置き換えて、前項で述べた動態経営の仕組みをもう少し具体的に考えてみたい。科学的管理ではこれからの経営が社会形成の潮流に一致していくために着目しなければならない諸点として、「天然資源の能率的な管理、競争の激化への対応、労働力の不足への対応、人間の倫理の概念の拡大、営利企業が公共サービスであるとする考えの深化」(Follett, 2003, p. 122) 等がそれであるとしている。

　真のサービスとは「人間関係の組織の改善を通して、個々の人間の発展に対する機会を与えること」と述べられている (Follett, 2003, p. 140)。そして「経営者の目指すものは、金銭的な利得だけではなく、社会の進歩をもたらす人々の発展であり、われわれの粗野な欲望を満足させるという意味でのサービスではなく、もっと洗練された欲望を持つように人間を向上させることに意味がある」とされている (Follett, 2003, p. 140)。

　この提案を念頭に置いて、それがわれわれが暮らす実際の 21 世紀社会にどうあてはめられるかという視点で眺めるならば、生態系サービス (ecosystem service) という発想が着目される。これは人間共同体を取りまく生態系のなかで人間が恩恵を受けているものをサービスと考えて分類するための仕組み創りである。そうした作業をすることでヒトが得ている恩恵のレベルを評価し、あわせて人間が生態系に負の作用をすることで生態系から享受している恩恵の働きを低減することのないよう、生態系の価値を維持しようという活動である（日高, 2005, 12〜13頁）。この考え方を具体化し、人間活動を含んだ生態系の健全性を評価する国際的プロジェ

クトであるミレニアム生態系アセスメントによって創られた、生態系サービスとしてあげられている種類と分類は図表5-2の通りである。

　そこで、まず基礎とされているのが、①基盤的サービスである。これには生態系サービスの基盤となる要素としての、土地形成、栄養循環、一次生産が含まれるとされる。その上位概念として、三分類があり、②物質の提供（生態系が生産するもの）として、食糧、水、燃料、繊維、化学物質、遺伝資源があげられている。さらに、③調節的サービス（生態系のプロセスの制御によって得られる利益）として、気候の制御、病気の制御、洪水の制御、無毒化があげられている。最後に④文化的サービス（生態系から得られる非物質的利益）として精神性、レクリエーション、美的な利益、発想、教育、共同体の利益、象徴性が、掲げられている。

　生態系サービスという分類の試みで着目すべきは、ヒトの共同体がこれまで生態系に関わってきたやり方によって、本来、生態系から人間が享受

図表5-2　生態系サービスの種類と分類

物質の提供	調節的サービス	文化的サービス
生態系が生産するモノ	生態系のプロセスの制御により得られる利益	生態系から得られる非物質的利益
食糧 水 燃料 繊維 化学物質 遺伝資源	気候の制御 病気の制御 洪水の制御 無毒化	精神性 レクリエーション 美的な利益 発想 教育 共同体としての利益 象徴性

基盤的サービス
他の生態系サービスの基盤となるサービス 土壌形成 栄養循環 一次生産

出所：http://www.millenniumassessment.org/en/about.slideshow.aspx.

していた付加価値を自ら低減させてしまった状況を反省したことにある。協働の科学が提案する将来の社会を形成する潮流としての経営は、共同責任で考えるサービス創発の"場"づくりとして、たとえばここで紹介したような活動や価値観を多様な共同体が認識し、実践することで展開される。

わたしたちを取り巻く自然環境や社会文化環境に関心を払い、問題意識を抱えながら、ヒトにとって連想領域の大きい創発の"場"として発展する経営組織は、個人が地球規模でのマクロ進化に責任をもつような組織である。それが現在進行形で環境と相互作用しながら進化する、ヒトの関係性によって創られるプロセスの積み重ねとしての人間のコロニーのあり方そのものではないだろうか。

第3節　サービスが生む期待を超えた経験

1　期待を超えた経験を生むためのサービスシステム

ヒトの社会におけるこうした経営の創発も、共同体の進化も、つきつめてみれば、ヒトとヒトとの一対のコミュニケーションから成立する。その点をサービス概念の深化から探ってみるひとつの方法として、浅井は前節で提示した、Lovelock 等によるシステムとしてのサービスビジネスの発想を一歩進め、サービス創発の場における関係性を人間の相互交流活動としてとらえようと試みている。

具体的には、サービスは本来、なんらかの形で複数の人間が関わりあって創りだされる社会的行為であるとして、そこに繰り広げられるコミュニケーションを次の三段階としてあげている。第一段階は複数の人間が存在することである。第二段階は、彼らの間に何らかの相互作用関係が行われることである。第三段階は、彼等が相互行為、作用の経過、結果として生ずる成果への期待と実現について、互いに関心を持つがゆえに、意識的な相互行為、相互交流関係に入ることである。

なにかを期待することと、それに応えるサービス経験という関係におけるコミュニケーションの質の解明は、サービスは互いが相互に高め合うこ

とで良質になっていくという理論につながっていく。浅井は自身の主張を、「ヒューマンビジネスの設計」として次のように展開している。

　ヒューマンビジネスの設計に必要な第一の要素は、サービスへの期待と実際の経験との対比の測り方を等号や不等号を用いて表わすことである。そもそもサービスとは、ヒトにとっては、すべてが経験である。サービスの過程では、送り手と受け手が相互に連環プロセスを辿り、役割を交換し合うことはすでに述べた。こうした相互交換をする両者にとって、期待と経験の組み合わせは次の3つのケースになると浅井（1989, 71頁）は言う。

　　①期待＜経験（期待より経験が勝る）
　　②期待＝経験（期待と経験の一致）
　　③期待＞経験（期待より経験が劣る）

　上記の関係のうち、顧客は①、②の場合にはサービスの相対的質を満足すべきもの、あるいは不満足の少ないものと判断し、③の場合には満足しない、もしくは不満が大きいと判断する。さらに、期待と経験の比較には程度の差という要素が加わることを浅井は指摘する。すなわち、期待と経験の相対的大きさの問題であり、図表5-3で示すように単純化した場合でも4つのケースが考えられるとされる。

　図表5-3で、セル3の組み合わせは顧客に失望感を味わわせ、逆にセル2は予想外の笑みをもたらすと述べられている。浅井は笑みと表現するが、これは顧客のこれまでの経験に基づく期待以上の、サービス経験が導く驚きと言い換えることができるだろう。

　これが顧客にとって予期していたなにがしかの期待を超えてサービスがもたらされたことに対する意識的な反応の仕組みの解明である。期待を感じた送り手からのサービスが期待の源となった行為者へ返され、さらなる相互行為や相互交流関係に入るという説明である。

　ヒューマンビジネスの設計の定義においてキーコンセプトを成すのはDHI（dyadic human interaction）と呼ばれるサービスの最小単位である。

第5章　共同体の組織化行動

図表5-3　期待と経験との関係

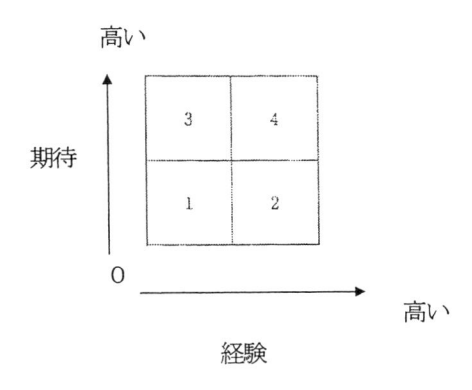

（縦軸：期待　高い／0、横軸：経験　高い）
左下：1、右下：2、左上：3、右上：4

出所：浅井慶三郎『サービス業のマーケティング管理』同文館，1989年，71頁。

図表5-4　サービスにおける満足のピラミッド

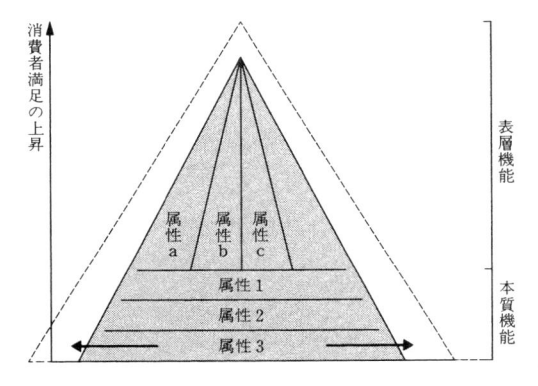

（縦軸：消費者満足の上昇／右側：表層機能・本質機能）
ピラミッド内：属性a、属性b、属性c／属性1／属性2／属性3

出所：嶋口充輝『顧客満足型マーケティングの構図』有斐閣，1994年，71頁。

　これは「一対のヒトの関係から発生する相互交流活動」とされるものであり、DHI の行われる時間的、空間的プロセスはサービスエンカウンター（service encounter）と呼ばれる。
　その場合における、両方の当事者としてのふたりのヒトについて、浅井は、経営研究の立場から顧客とサービス提供組織の接客担当者であるとする。
　接客担当者は組織において策定されたサービス戦略を、顧客の個性や経験に照らして最大限、臨機応変に実施する。その場合、接客担当者はマニュアルをいかに離れて、過去の経験を踏まえて、一期一会の顧客との関係のなかで、今できうる最良の活動（Jantsch のいう実用情報）で対応をする。実験を想起すれば、この姿勢はあらゆる共同体間で情報を受発信する自己触媒同士のコミュニケーションの基本姿勢に重なる。
　また、サービスを評価する第二の基準として、提供内容と受け手の満足との関係を図る方法が求められる。嶋口（1994, 66～73頁）は、これについてサービス属性を二分し、顧客が支払う代価に対して当然あると期待するサービス経験を本質サービス（本質機能）と置く。一方、代価に対して、

必ずしも当然と思わないが、あれば期待を超えた経験となる可能性が高いサービスを表層サービス（表層機能）と置く。

　本質サービスには、安全性、確実性、公平性等があげられ、ある最低許容水準以下では、満足度はゼロ以下になってしまうとする。一方、表層サービスでは、当然あることが期待されていない分、充実させていくと満足度は急激に上昇するとされる。

　嶋口はこの両者を統合し、本質サービスと表層サービスとから成る、顧客満足のピラミッドとして図表5-4のように表す。そこで想起されるのが図表5-2で提示した生態系サービスの属性と、図表5-4で提示したサービスの期待と経験とサービス属性と満足のピラミッドとの関係である。すでにサービス創発にかかわる期待と経験との関係をまとめたが、実は、これまでの議論では期待の実態であるサービスの属性を明確に示してはいなかった。

　改めて言及すれば、生態系サービスにおいて、すべての根幹であるとされる基盤的サービスは、サービス属性分類で言えば、本質サービスに充当する部分が大きい。なぜならば、これらのサービスは、土壌形成、一次生産といった地球環境にとっての安全性、確実性と言った属性を担う部分であり、最低許容レベルを保つことが求められる機能と言えるからである。

　一方、生態系から得られる非物質的利益である文化的サービスは、サービス属性分類で言う表層サービスに該当する部分が大きい。芸術、教育、レクリエーションといった分野の、いわば社会文化的サービスは、ヒトが生きていくのに不可欠ではないが、多様な付加価値をつけることで、期待に対する経験値は無限に上昇するサービス機能だからである。そして、物質の提供サービスとしての生態系による食料、水、燃料等の生産、また、調節的サービスとしての、気候、病気、洪水の制御等は両サービスの属性を併せもつことから両者の中間に位置づけることができると考えられる。

　本書では、共同体はサービス創発の連環プロセスにおいて期待を超えた経験を交換し合う、付加価値創出構造のやりとりを通して進化するという議論をすでに究明した。そこで創発されるサービスの属性は、この生態系サービスの属性分類の試みに大枠で重なる。そうであるならば、Follett

の言う、「野放図な開発を避けて、効率性と社会に必要なサービスとを交換しあうこととのバランスをとる」(2003, p. 122, pp. 117-131) という協働の科学の仕組みは、生態系サービスの適切な開発として置き換えられるのではないだろうか。「ひろば創造実験」で共同体がサービス（実用情報）を創発するための基準もほぼこれにあたるものと考えられる。

　浅井に戻るなら、期待と経験の関係で、経験がサービスの連環プロセスで互いに相手の期待値を上まわれば、相互の積極的参加が促され、協力を引き出し合いながら、相互作用のなかでサービスは良質なものへと進化するとされる。浅井はDHIを交換と読みかえ、さらに交流ととらえている。そしてこのことは、第一にサービスの創発を連環プロセスととらえ、相互行為が、当事者間の理解、信頼、協力の関係を深め、両者の関係の継続性を維持、強化すると考えている。第二に、交流という言葉の意味は、双方向のコミュニケーション、双方の主体的参加が継続性をもって展開されるという内容を表現するのに適切であるとしている。

　サービス研究を通してヒトの"心"が創りだす相互交流活動をこのように読みかえることで、同じような相互交流の議論をもとにした Follett (2003, pp. 132-145) がいう収益性と社会に必要なサービス交換の統合を経営とする議論は、より血の通ったものになる。もちろん、サービスの実用面での理論をそのまま、Follett の動態的経営論に生かすことは問題があろう。議論を進めるには、再度、サービスの相互作用を組織化の仕組みに戻してとらえなおす必要がある。こうした設定に置きなおすことで、期待を超えた経験を創発する仕組みがいかに共同体の進化行動を導くのかを次節で考察しよう。

2　サービスの相互作用が生む「組織の心」

　サービスの実用面の理論を別の角度から整理すると、浅井はサービスが生む相互作用について、サービスマーケティングの枠組みとしての「マーケティングの三位一体構造」を提案した。それは、ヒューマンビジネスの"場"を、顧客、接客担当者、サービス提供主体という三者の間の相互補

完的な三角形によって示すものである。

　まず、サービスの表舞台における顧客と接客担当者との関係が、サービスエンカウンターにおける相互作用として、サービスエンカウンターマーケティングとして位置づけられる。次にサービスの裏舞台における内部システム、つまりサービス提供主体であり、経営の主体でもある組織があげられる。

　これはサービスエンカウンターの相互作用をサポートする役割を持つ。役割の第一は接客担当者との関係にあり、接客担当者をサポートし、有能性を発揮させるためのインターナルマーケティングを目的とする活動を進める。第二は顧客との関係にあり、顧客の参加を促し、あわせて、それによって顧客が得られる便益について、彼らが自ら主体的に関与できるように動機づけるためのエクスターナルマーケティングを進める。これらが揃い、三者が、期待とそれに応えてサービス経験の提供をする関係を持ち合うことでサービスのマーケティング管理の枠組みを説明する。

　なお、インターナルマーケティングとは、マーケティング戦略において、組織内部の従業員を第一の顧客と考え、まず、彼らが働く動機づけを工夫しようとする考え方である。これに対し、ビジネスの主体である組織が行う、外部の顧客へのサービスがエクスターナルマーケティングである。

　インターナルマーケティングのレベルをあげることで、従業員による外部顧客へのサービスエンカウンターでのサービスのレベルも上がり、顧客は組織に対する信頼や愛顧度を増す。その結果、エクスターナルマーケティングにおける組織と顧客との関係も、一過性の交換から継続的な交流へと育成されるというのである。

　では次に以上で観てきたサービスマーケティングの相互作用の仕組みを踏まえて、これを組織化の一般概念に置きなおしてみよう。マーケティングの三位一体構造のなかで三者がともに、相手の期待を超えたサービス経験を相手にもたらそうとすると仮定しよう。すると、それに対して、期待に応えてもらえた満足を相手に伝えようとする意識的な反応が惹き起こされ、それがさらなる良質のサービスを発生させる。

サービスが創りだす付加価値は多様である。ただし、自己創出構造を個人としてのヒト、もしくは複数のヒトが構成する組織に限定するのであれば、ヒトにとって期待を超えた経験としてのサービスを受けた場合に得られる共通の付加価値は、意外性に誘引された驚きの感情であろう。

　驚きはやがて、ヒトのなかで喜びや、嬉しさに変容する。こうした感情の創発によって、ヒトはサービスをもたらしてくれた相手に対して、良質の感情を抱き、相手の労苦や努力に応えたい思いを想起する。そうしたやり取りが図表1-2で紹介した、Jantschが提示するサービス交換の相互プロセスを人間の場合に置き換えたコミュニケーションの連環プロセスであり、"心"と"心"の自己組織化と置きかえられる。

　浅井が示したのはこの関係を主にサービスマーケティングからとらえた、いわば"心"の組織化の仕組みである。これが、第1章で紹介した、「組織の心」（Jantsch, 1980, p. 205）と表現したものの実態であると考えられる。

第4節　"心"が創りだす閾値突破

1　相互進化する共同体

　サービスの相互交換プロセスが生む期待と経験の関係は、組織における「組織の心」の構築プロセスを促進することが理解できた。そうであるならば共同体の相互進化はネットワークを構成するすべてのヒトの関係性が創る、ひとつひとつのサービスの相互交換プロセスが生む"心"と"心"の自己組織化の集積によって促進されるとも考えられる。

　本節ではこうした視座から"心"が創りだす閾値突破の仕組みを探究する。そのためにまず、第3章の実験で得られた相互進化の仕組みをネットワークおよび組織特性のモデルとして表すことを試みる。

　図表3-15で示した多摩ひろばのネットワークで観るなら、フェーズ3において教育機関と地域とは互いに総合地域サービスの創発という同じ目的に向かって、なんらかの関係性を求める方向でネットワーク変容をしてい

ることが考察された。また、フェーズ4では教育機関と世界との統合アプローチへの可能性に言及した。

こうした実験からの観察でネットワークの変容の起点は互いが自己触媒となることでの相互進化にあると考えられた。相互進化の形を具体的に考えると第2章で示した、Perry-Smith等によるネットワーク構造の変化は創造性展開局面のスパイラルモデルによるとした議論が思いだされる。

それは、創造性ある個人がネットワークの中央にシフトすることで組織の創造性は増大することを示していた。この関係は中心性が創造性を破壊するまで続き、関係性のマネジメントが困難になると均衡状態が出現する。そして中央の位置するヒトの適切な交代によって、より上位概念における創造性の増大が起こるというものであった。Perry-Smith等この仕組みはスパイラルモデルから成ることを説明していた。

第2章ではヒトがある組織の周辺からの参加者であることによって、別の組織の周辺にも位置することができることも示された。その結果、時間の経過とともに関与するすべてのネットワークの参加者と直接間接に関与し、それらが統合されたより大きな包括的な概念のもとで活動する組織の中央に移動し、時間経過とともにネットワークのコンテクスト形成に関与する場合が生まれるとされた（Perry-Smith, 2003, pp. 95-99）。

セレンディピティは多くの場合、周辺的位置づけと別の組織の中心的位置づけとに同時に存在するこの立場のヒトが導く機能として生まれる。彼らは創造的な経営に向けて実用情報を開発するための組織の中核的存在として活動しながら、同時に、別の組織の周辺の位置からこれを眺めることができる。そのことによって、普通のヒトは気づかない社会の価値が変わっていこうとする小さなゆらぎに気づく。そして、ゆらぎに気づいて行動するヒトの存在自体がまわりとは異質であることを周りにいる人々が違和感としてに気づく。こうした気づきの積み重ねが共同体を進化させる。本論に引き寄せるなら、複数のプラットフォームがつながり、オンリーワン・プラットフォームの創発が始まるのである。

第5章　共同体の組織化行動

2　共同体のネットワークモデル
―プラットフォームの組織化プロセス1

　セレンディピティの機能をもつヒトが契機となることで、人々の間で目己触媒機能が相互進化を起こす場面が、通常の状態よりも多発していく。第3章でセレンディピティ発見システム「不在型」の社会が、何かを変えようと同じ課題に向けてヒトが動くときに説明したように、通常の状態である通時性とすでに紹介した共時性が混在することでネットワーク形成は図表5-5のように連携を進め、組織化していくのである。通時性のなかで、あるヒトがまわりに影響を与え始めるとなんとなくそのヒトのまわりにヒトが集まるという共時性が起こる。そして、セレンディピティの機能をもつヒトはそのかかわり合いの結果、次第に中央に移動し、共同体にとっての環境である周りの接触局面とも連結しながら属する組織をより大きな関係づけのなかで育成すると考えられる。そうしたヒトのネットワークの特性を踏まえて、図表3-15で観られた実験結果を共同体のネットワークモデルに表そうと試みたものが図表5-5である。

　第2章の議論に従えば、この世界にあって、共同体は1からnまで無限

図表5-5　共同体のネットワークモデル

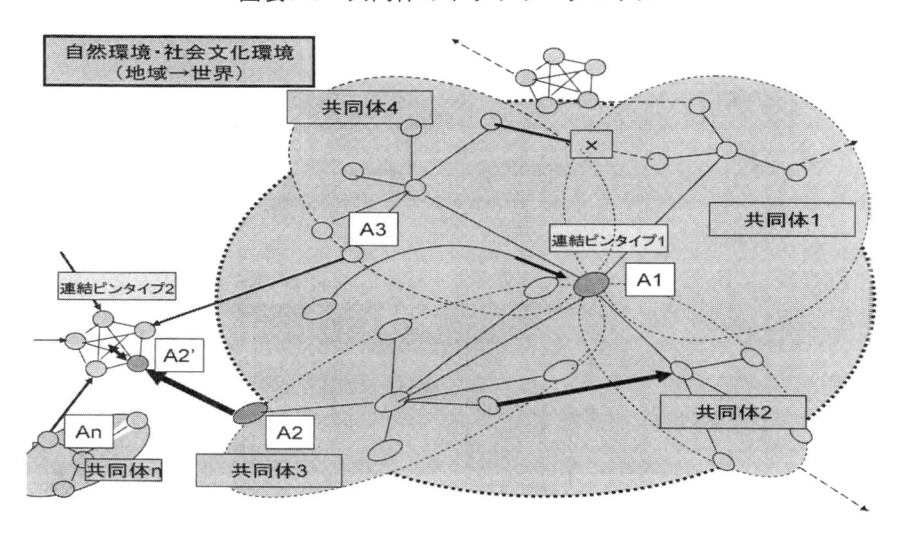

161

に存在する。そのうち典型として共同体1から共同体4を包含するある社会に着目した。これがたとえば多摩ひろばである。これをより広く考えれば世界ひろばの発想にもつながるだろう。そのなかでたとえば、ヒトＡ１は共同体１、共同体２、共同体３、共同体４の周辺に位置していたとする。その結果、Ａ１は周辺から観察、経験する機会を得たことで各共同体の中央に位置する、狭いネットワークしかもたない参加者に比べ、組織全体にかかわる革新的情報を発見する機会が高まる。社会が未だ気づかないゆらぎを発見する可能性も高くなると言えるだろう。

こうした経験を通してＡ１が始めた革新的な情報の受発信から、多摩の通時性になんらかの共時性が始まり、共同体１でフェーズ１の展開が、まず始まるとする。同じような課題解決への問題意識をもった隣接する共同体４が時空間を重ね合わせながら関与を深めればフェーズ２の展開が次に起こる。さらに同じ仕組みでいくつかの共同体の間に共時性が起こることで多摩における「ひろば創造実験」に代表される移動大学の実験が広がった。これがフェーズ３の展開と位置づけられよう。

一方、図表5-5における連結ピンは第２章の理論によれば、大きくいって次のふたつに分類できよう。連結ピンタイプ１は、Ａ１のまわりのネットワークがＡ１に関与を求める結果、関与するすべての共同体の中央の位置に移動して、組織全体のコンテクスト、つまり文脈形成に関与する場合である。

連結ピンタイプ２は、連結ピンがＡ１という個人に代わりすべての共同体の周辺に関与するＡ２、Ａ３、Ａｎといった無数のヒトによって構成される場合を指す。この場合のＡ２～Ａｎはそれぞれ共同体の周辺に位置している誰かである。彼等が同じ課題解決に向かって連合体を形成し、組織全体のコンテクストに関与する可能性を示したものである。ただし、これらは組織化の典型事例のひとつにすぎず、システムに応じて多様な連結ピンが発生することが予測される。

この場合、Ａ１、Ａ２、Ａ３等は固定するものではなく、Perry-Smith等によれば中央に位置するヒトの適切な交代によって、より上位概念にお

第5章　共同体の組織化行動

ける創造性の増大が起こるとされた。その仕組みはスパイラルモデルとなると説明されていた。

　たとえば多摩ひろばで言えば、連結ピンタイプ1や連結ピンタイプ2に近い形が、フェーズ1やフェーズ2としてあちこちの共同体で誕生している状態と考えてよい。そして組織変容を繰り返しながら統合に向かって全体としての連携が進みつつあることが推測される。

3　共同体組織の進化モデル
　　―プラットフォームの組織化プロセス2

　図表5-5で示された組織化の仕組み図は、2次元で表されている。しかし、その実態はぶくぶくと泡立っては消えて、また新たな泡立ちを生み続け、散逸構造を繰り返す無数組織から成る3次元の世界であることが想起される。実際の宇宙は無数の泡構造が無限に続く世界とされている（池内, 1995, 153～155頁）。泡の中心は平衡の状態であり、泡の膜の部分に銀河が集まっているという。そして、泡は増え続ける一方であり、それは宇宙の散逸構造の仕組みが現在進行形で進んでいることをあらわす。

　池内の議論を理解したうえで、図表5-5から、共同体が自己組織化する道筋を忠実にたどると、結果的に宇宙生成と相似の進化プロセスを示すものであると識ることができる。共同体組織は環境との情報交換によって時間経過とともに状態を変容し、A1～An等の中央に位置する存在が交代することで動態的に進化する。こうした発想を踏まえて図表5-5の関係を立体的なスパイラルモデルを用いてとらえたものが図表5-6である。

　図表5-6では時間、空間を軸に連鎖して未来を創発する共同体組織の進化を表した。時間軸は過去、現在、未来へ続く。空間軸は第3章で示した実験枠組みから導き、生物である共同体が環境との互恵的関係を模索しながら、環境と共同体の両方を持続可能な方向に向けて修正する社会と考え、遺伝子型空間、後成的空間、表現型空間、適応空間と置いた。

　こうして設計した図のなかで「時間；空間」を基準に考えてみれば、フェーズ1は「現在と連結する過去；遺伝子型空間から後成的空間への変容

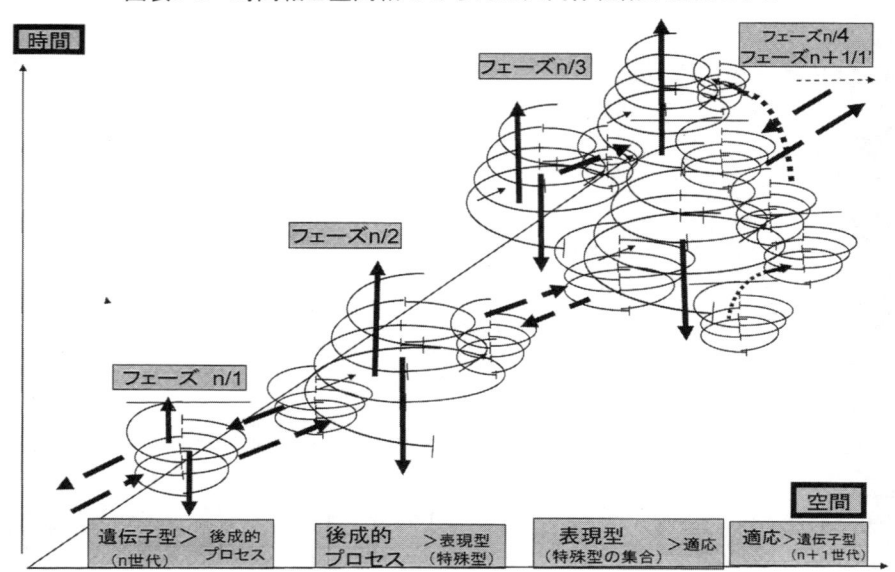

図表5-6　時間軸と空間軸でとらえた共同体組織の進化モデル

過程」における「ひろば創造実験」である。フェーズ2は「過去に連結する現在；後成的空間から表現型空間への変容過程」における同実験である。フェーズ3は「過去に連結する現在であるとともに、過去、現在に連結する未来；表現型空間から適応空間への変容過程」におけるそれである。そしてフェーズ4は「過去、現在に連結する未来；適応空間から、次段階の遺伝子型空間へと架橋する過程」における「ひろば創造実験」と位置づけられよう。

　生物進化システムの特徴について本書は次のように紹介した（Jantsch, 1980, pp. 220-230）。すなわち、第一に上位のフェーズは下位のフェーズを包摂することがある。第二に下位レベルのフェーズの特性を排除するのではなく、系のなかに入れ込んで質量ともにひとつの全体として行動することである。第三にいずれのフェーズの場合もこのフェーズ1からフェーズ4を順番にたどるものではなく、途中から始まったり、戻ったり、特定フェーズに止まってしまうこともある。これらをふまえ、「ひろば創造実

第5章　共同体の組織化行動

験」の結果は生物進化システムがもたらすものと考えれば、実際の進化、つまり組織化はフェーズ相互の進化が行きつ戻りつしながら相互作用の中で進むことを教えられた。

　スパイラルのもつ共通の特性は、自己触媒機能が失われれば自己組織化が減退、あるいは消滅し、スパイラルは均衡、停止してしまうことであった。このことを下向きの矢印で示した。しかし内部、外部からのセレンディピティ発見の仕組みが活性化し、自己触媒機能が回復すれば複数のスパイラルは統合され、あるいは均衡したスパイラルから分岐して新たなスパイラルが発生する可能性がある。その場合の統合関係が加速し、スパイラルが活性化する様子を上向きの矢印で表した。共同体の自己触媒機能が健全であれば、セレンディピティが内と外で自在に交換され、相互進化はさらに動態的に展開すると予測される。

　また、この図表からは共同体のミクロ―マクロ・リンクの展開を想起することもできる。JantschはWaddingtonの言う遺伝子型から適応までの進化システムをひとつのくくりとしてとらえる。そのうえでより長い時間経過のなかで観れば、n世代の遺伝子型からn＋1世代という次のスパイラルの遺伝子型へというように、よりマクロの進化へ向かうプロセスで時間と空間の破れが繰り返されることを示唆した（Jantsch, 1980, p. 145）。

　小なる仕組みがより上位の、かつより大なる仕組みに包含され、それらは相互に影響を繰り返す。共同体の組織進化はよりミクロの一連の進化を常に内包しながら、それを束ねるスパイラルそのものの成長として進む。こうして複数の共同体のスパイラルが統合される仕組みが繰り返すと考えるなら、それは地球を単位とするまでに成長することが推察される。

4　"心"の重なりとしてのゆらぎの増幅

　第3章から、ヒトが契機となり互いが自己触媒となりあうことで形成されるひろばというネットワークがフェーズ1からフェーズ4であることを確認した。関係をさらに一般化すれば、図表5-5や、図表5-6で考えてきたように、実験での事例にとどまらず、社会における複数のフェーズ1やフェ

ーズ2、その亜種に関わるヒトたちが同じ課題解決を探る意欲や行動のなかで、時間、空間を重なり合わせながら異なった相手と出会う偶然の必然化が予測できる。未来に向けて予測不可能な潜在可能性を発見しようとする人間の行動が無限に繰り返されていくことが想像できるのである。

　ここでサービス研究から導かれた期待と経験の議論を、商業サービスの枠を取り払い、サービスが本来もつコミュニケーション機能としてとらえなおしたうえでフェーズ3のネットワークに重ねてみたい。フェーズ3を創りあげているヒトとヒトとのコミュニケーションは、期待と経験との関係が働くなら、第3章でスパイラルの内側観察から得た状況と相似の働きで自己触媒機能を促進することは想像に難くない。スパイラルの内側では"心"と"心"の相互刺激から常にゆらぎが起こっていることが予測されるからである。

　第3章で観察した大学生と商店街関係者との動態戦略実現をめぐる"心"の創発の仕組みは、スパイラルの内部で反発しあい、敵対し合い、コンフリクトをもちながらも、同じ"おもちゃ"の解明に向かって努力が始まった。自己触媒機能を発揮しあいながら驚き、喜び、共感等が生じ、一体感が高まった。その結果自己組織化が進み閾値突破に至った。この過程は期待と経験との関係がもたらす双方向のコミュニケーションで促進されるなら、速度を増し、あるいは創発するものの付加価値を増す可能性がある。フェーズ4の教育機関と世界との統合アプローチに合っても仕組みは同じであろう。

　ヒトにとって環境とは社会環境や自然環境として周りに存在するすべての接触局面である。それをよくしようとして、つまり、それぞれの生態的適所を求めてコミュニケーションを通して相互進化しあうのがヒトの共同体であると言える。

　たとえば本章第1節で示した生態系サービスのなにをいかに実現するかということを"おもちゃ"とする。それをめぐって参加者の連想が広がるようなキーワード、つまり"おもちゃ"を誰かが提案できる体力をつければ、これまでその役割を果たすことで組織の相互進化のきっかけを創っ

てきた中間媒介者の役割は薄くなる。そうなってはじめて、組織は中間媒介者の支援なしで参加者全員がリーダーになる体力を育成するなかで一人歩きを始め、自己組織化する共同体となる。これが Jantsch の言う「やりながら習う」、つまり、「行動するなかで学習する」ということであり、自己組織化する共同体の健全な姿であると考えられる。

5 "心"が導く閾値突破

　Follett（2003, p. 181）は真の権力とは能力（capacity）であり、参加者が等しい力をもち合い機能的な全体を築き上げるための機能的統合であるという視点から議論している。無限の能力としての全体を築くためにために参加者の個人の裁量が許容されるのであり、個人が独自のサービスを創意工夫していくことで、いくらでも企業の創意力は増大していくと述べている。

　このことは経営体のなかでよりミクロのスパイラルがサービス創発機能を発揮して膨らめば、それに応じて経営体全体の潜在力が増しスパイラルがいくらでも膨らむことを示す。ミクロのスパイラルの最も小さな構成単位であるヒト同士のやりながら習う仕組み、つまり触媒機能が発揮され合うことによって経営は固定した量ではなくなるのである。参加者は積極的な発意力によっていくらでも経営に参加し、建設的貢献ができるという意味である。

　こうした考えに立てば、Follett の言う権力とは既得の統制を守るための強制力ではなく、こうした活動をまとめあげる能力と考えられる。経営の原理をこうとらえるなら、サービスを創発するための"心"の役割は、実用情報のレベルから抽象度の高いレベルにまでに至る、ヒトとヒトとの心理における認め合い、高め合いであるということができよう。

　経営の"場"で創られるサービス機能を付加価値の増加とするなら、その増加によって経営組織はこれまでの課題解決能力の領域を超えて、ゆらぎながら閾値突破を果す。第3章でこれからの創造企業の戦略はヒーロー型の革新と増分型の革新の相互作用が両輪として進むものとして議論した。

この議論から想起するのは Bilton（2007, pp. 125-126）によるやわらかいネットワークが生む仲間とのインフォーマルな協働関係を通したアイデア生成力という考え方である。

既存性の高い強固なネットワークのなかにセレンディピティ発見システム「不在型」の柔軟な組織が必要性への課題解決を目指してあいまい性のなかから生まれるとしよう。その革新性が強い場合にはヒーロー型の革新としてセレンディピティ機能を発揮し、「まれな育種」として認識される。これが個人や組織の結合による増分型の革新を通して、支持され、育てられる。そのプロセスで持続可能な創造的システムとしてトフラーの言う「その前の瞬間とは等価ではない未来」が生まれ続ける。

「不在型」がシステムを保有する方向に向けて相互進化を促進する機能として、ここでも"心"に着目できよう。"心"が導く閾値突破による問題探索型の進化行動は、期待と経験との関係性が引き金となってヒトが互いに協働し、何かを前向きに創りだし合うという経営の"場"に共通の組織化行動であり、血の通った人間的活動である。これは人間のすべての組織における自己組織化プロセスであり、ヒトとヒト、企業、社会組織を始めとする多様な共同体の閾値突破の仕組みとして理解することができる。

本書では第1章で紹介したように、Jantsch が言う"心"を原典の言葉に添って mind、あるいは spirit ととらえてきた。けれども、ここまでの探究を統合するなら、自己組織化の源である"心"の定義には上記の英文に加えて、人間の体温や感情の相互交換により近い感覚を示す heart という言葉を加えたいと思う。heart には生体組織としての「心臓」や情緒を示す「気持ち」という意味に加え、「勇気、元気、気力、熱意、関心、決意」といった、人間の意思やネネルギーのほとばしりを連想させる意味が内在するからである。

*
1 Follett は技法よりも原理に関心を持っていたとされる。その意味は、単に理論的であるのではなく、著書の序言においては「学問的抽象と伝統的概念の背後に廻って、徹底的に現実的取り扱いをする姿勢を重視した」とある。

第 5 章　共同体の組織化行動

2 Follett は組織行動の動態的管理、心理学的基礎を持つ経営哲学の第一人者であり、基本的には、企業管理における経営者の行動原理を説いている。しかし、彼女の論文集の緒言で Rowntree（ラウントリ）は、「彼女が提案した協働の科学の仕組みは、営利企業であろうが、政府機関であろうが、その管理者と、将来の社会の管理に責任のある地位に就く人間を訓練する職責を持つ人びとに推薦する」として、その提言は企業にとどまらず、社会組織に普遍化できうるものとした。
3 統合以外の方法には抑圧、妥協があげられている。抑圧では、一方の側だけがその欲するものを得る、妥協では、双方いずれも希望するものが得られないとされる。

終 章
結　語

1　"心"の自己組織化

　自己組織化する宇宙の発想に端を発し、ヒトが契機となって組織化する共同体の本質について考えてきた。ネットワークの姿、実用情報の中での実験、散逸構造を通した閾値突破の仕組み、サービス交換としての経営の"場"の理解等を通して、ヒトの共同体の本質を探る旅を続けた。

　特に第5章ではサービスシステムの組織化研究への拡張を試み、経営の原理に重ねた。進化論に基づく自己組織化のプロセスを経営ととらえる試みのなかで、"心"が創りだす閾値突破として共同体が創発する行動を追究した。

　そこで終章においては"心"の概念のさらなる追究を通して社会と経営というふたつの見方からのアプローチを深め、共同体の本質をまとめていきたい。Follett（2003, p. 200）は協働の営みは組織と環境との交換を基本とするとした。本書に置き換えれば、それは共同体と環境とのサービス交換であり、共生である。この本では共同体が共生を目指すための参加者相互の意思の統合は、各構成部分の合計ではなく、それ以上の価値を創りだすという議論を紹介してきた。

　この付加価値創発の仕組みについて Jantsch は、生命の誕生に関わる

コミュニケーションの仕組みに重ねて考えることもできると言う。相補な関係から自己組織化が起こることに着目した本書の分析視点に戻るならば、誕生のプロセスは"心"を創発しながら進展する組織化のプロセスの原点であると考えられる。

　Jantsch はフランスにおける出産テクニックを紹介し、大切なのは生命システムとの繊細なコミュニケーションをとることで、新しい命に迎え入れられているという感じを抱かせることであるとする。静かにそっと新生児を母親に抱かせて、絶えず新生児をマッサージし、細かなゆらぎを与え、子宮内で波にゆられていた記憶が今につながっていることを伝えると言う（Jantsch, 1980, p. 205）。

　また、誕生のためのマッサージは性愛の行為に似ていることに注目し、性愛行為とは原初のゆったりした世界、何も見えない世界、その内世界の偉大な海が生み出す力強いリズムを再発見することなのだとする（Jantsch, 1980, p. 205）。こうした人間の本源的な自己創発的システムのコミュニケーションに共通することとして、「それぞれの認識領域を探りあい、拡張しあう中で生まれる相互刺激によって、知識の自己組織化は可能になる」と言う（Jantsch, 1980, p. 206）。相互刺激を通して"心"をゆらぎあわせることが、人間の"心"の自己組織化と考えられるならば、そこに創発される知識の自己組織化とは、情報を要素に還元した知識の単なる集積ではなく、知識の統合としての知恵ではないだろうか。

　"心"とは固定した構造空間のなかに内在するのではなく、システムが自己組織化し、進化するプロセスのなかに内在するものなのだと言うのが Jantsch の考え方であった。したがって、「"心"はその自己創発構造の範囲を超えて、他のシステムや、さらに環境との相互交換をも含み込む」ことができるとされる（Jantsch, 1980, pp. 307-308）。

　Jantsch の言う、進化する生命に"心"が宿るという考え方（Jantsch, 1980, pp. 307-308）を、第1章で共同体進化への道案内として提示した今西の棲み分け論に重ねるなら、棲み分けは単に相手を殺戮し、屈服させることで自分の領域を確保することではない。観えてくるのは相補性の中で、

共生を試みながら創りあげるひとつの均衡体系である。

　おそらく地球の動物のなかで最大の進化を与えられた知的生命体であるヒトには、生き物のなかでもっとも進化した"心"が宿るといえるであろう。人間が知的生命体だからこそ与えられた、"心"を創発するプロセスで創りあげる共同体の意義は何なのかに迫ること自体が人間の知恵のように思われる。

　そうしたプロセスで、第1章で提起し、第5章で本研究を通じた言いかえを試みた真の経営の意義はさらに身近なものとして観えてくるのではないだろうか。共同体と環境との交換で起こるゆらぎが集団の力学としての共同体の"心"であるなら、"心"の創発過程で予測可能社会はゆらぎのなかで一旦破壊されるだろう。

　そうして一度は否定された予測可能社会をも包含して、これからの社会を維持するための適切な効率性と、生態系と互恵性を図るサービスとの適切な均衡のなかから再創造され、誕生するのが次段階の予測不可能社会である。しかし、この予測不可能社会はヒトの課題解決力がさらに増すことで、いつか新奇性を失い、既存性に充ちた予測可能社会へと変わるだろう。

　そのなかから現状維持に疑問をもつヒトたちが現れ、次の予測不可能社会が生まれる。この繰り返しが"心"の創発過程であり、"心"の自己組織化プロセスそのものであり、組織化の営みとしての経営ではないだろうか。

2　閾値突破を繰り返す進化

　創発を試行錯誤しながら達成しようとする仕組みはヒトの相互作用としての経営の"場"づくりそのものであり、多様な組織に共通する経営原理である。"場"は、期待を超える経験の創発の増減によって、縮小したり、あるいは、成長したりする。そして、時間の矢のなかで拡大、縮小を繰り返しながらも、課題解決という閾値を突破する度に付加価値を獲得し、やがては国境を超えてつながり合い、地球をひとつにして連結する可能性を含む。

そうした基本単位が共同体であり、地球の随所にあって無数に発生し、部分的につながりあいの触手を伸ばしあいながら展開している。"場"は共同体の棲み分け論から観れば、地域の違いに応じて組織化されながら、地球というひとつの"場"に自律的に編成される体系である。第3章の「ひろば創造実験」による棲み分け構造の創発は、この体系の検証であった。

　第1章で魅力について触れ、将来になんとなく期待感を抱かせる不思議な力を指す言葉であることを紹介した。本書で考えてきた"場"とは、原点に戻れば魅力のあるひろばである。また、第2章で述べたようにネットワークの姿から観れば、必要なのにもかかわらず、充たされていなかったサービス機能創発のためにネットワークの空隙に形成される動物の巣穴のような構造である。

　これまで場にめぐまれなかったセレンディピティは、こうした魅力あるひろばの空席に自然に居場所を得る。セレンディピティは触媒となり、組織の創発性を高める。そう考えれば、"場"とは変革されながら進化し続ける実用情報創発のためのセレンディピティ発見システムそのもの、組織化のプロセスそのもの、経営の仕組みそのものと言える。

　こうしてヒトの共同体は、経営のプロセスで熟成の時間を持つことを通して解決力を高め、従来観えなかったことが観えるようになる。序章で紹介したようにルーマンによれば実際に相手の大きさが変化しなくても、こちらの課題処理能力が増すことにより、対象である環境の側が相対的に縮まって全体構造がとらえられるようになる現象を縮減という。

　「組織の心」、言葉を換えれば「共同体の心」を導くコミュニケーション力が高まり、参加者の観察力や実験力が環境に対してより高い水準でそなわるようになると、共同体に対して、環境の方が相対的に縮減される。その基本は理解、信頼といった共感の気持ちに裏打ちされたヒトの心的相互作用が創りだす共生の仕組みである。そして共通課題の解決によって共同体は閾値を超えて次のステージに行くことが可能となる。

　以上の考察から結論を導くならば、ヒトが契機となって自己組織化する共同体の本質とは、新奇性と既存性という相補性に基づくゆらぎが創発す

る、環境との共生を目指す、尽きることない組織化である。そして、課題解決に向かって期待を超えた経験を相互交換するサービス創発の連環プロセスを通して、参加者の"心"がゆらぎながらひとつの方向に向かう仕組みが経営の実態である。

　そのなかで認識領域を探り合おうとするコミュニケーションが個人の"心"を育て、組織に"心"を創発する。未来は決められてはいない。共同体の参加者全員の知恵を統合して創るものだ。潜在可能性のなかから、共鳴しあう"心"が組織化を推し進めることによって生みだすものである。社会にとっての必要サービス機能を生み続ける組織化は連携を創発する。連携を繰り返して統合に向かう組織は、やがてオンリーワン・プラットフォームとなって誕生していく。

まとめ
学習する共同体の経営指針
――オンリーワン・プラットフォームへの羅針盤――

　この研究ではサービスを創発するプロセスで参加者全員がリーダーになる体力を育成し、自己触媒機能の相互発揮によって自主的に関係性を組み換え、付加価値を創りだしながら組織化する仕組みを学習する共同体の健全な姿であると考えた。これが本書の言う、サービス組織化経営の実態である。

　21世紀には、あらかじめ設定されたゴールを目指す目的追究型の行動だけでは対応しきれなくなるほど複雑化した社会が現れようとしている。そこで生きていくための経営では、既存の枠組みに疑問をもち、社会において何が問題なのかを発見するための問題探索型のアプローチが指向されるようになる。

　これまで目的追究型アプローチによる組織行動の典型とされてきた企業にあっても、求められる創造的戦略として問題探索型への関心が高まっている。これは問題探索によって課題を発見し、解決するプロセスを手探りで見つけ、経営資源の組み換えを実現する過程で参加者の一体感を増し、付加価値を増加させながら進む革新である。

　第3章で明らかにしたように、課題は多くの場合「まれな育種」としてのセレンディピティがきっかけで起こるヒーロー型の革新によって発見される。そして、ヒーロー型の革新とそれを支える増分型の革新との統合プ

ロセスで必要サービスが生みだされる。

 こうした仕組みによる21世紀に求められる革新を推進する中心はヒトである。人的資源を経営資源ととらえ、その関係性をいかに再構築できるかが問われている。以上の問題意識を踏まえて、多様な組織にとっての共通課題である問題探索型の行動をとる学習する共同体の経営指針について3点を提言したい。

1　組織化能力の位置づけ確認指標の整備

 組織化する共同体には参加者全員が共同体の全体構造を客観的にとらえ、進むべき方向性を決めるための指標が求められる。目的追究型の組織化行動をとる共同体が活用してきた指針は主に他の共同体と差別化を図るための競争分析の手法であった。しかし、問題探索型の組織化行動では、他の共同体と連携することを目的にした分析手法が活用される。そのひとつがつながりあって生きる生物進化のシステムを通して、共同体組織化の位置づけを理解する本論が提示した方法である。

 この方法によって、所属する共同体にとって必要な資源であるセレンディピティの参入方法の特性を中心に、現在あるポジションと組織能力を確認することが可能となる。指針の活用方法は、第一に所属する共同体の発展段階を掴み、共同体が進化システムのなかでどのような位置にあるかを把握することにある（参考：図表3-1）。第二に、所属する共同体を含めた複数共同体の組織化が、フェーズ1からフェーズ4のどのレベルに達しているかを理解することにある（参考：図表3-16）。共同体組織化の位置づけ分析は目指すべき目的地を示すポジショニング分析と併用することで威力を発揮する。

2　一体感を醸成する風土の整備

 参加する全員の"心"と"心"の相互刺激からうまれる一体感が、戦略を実現するためのサービス創発に向かう仕組みが組織化の基本である。そのための風土整備が求められる。これは人材育成の苗床を整える仕事でも

まとめ　学習する共同体の経営指針

図表3-1　ミクロ進化を構成するスパイラル構造（再掲）

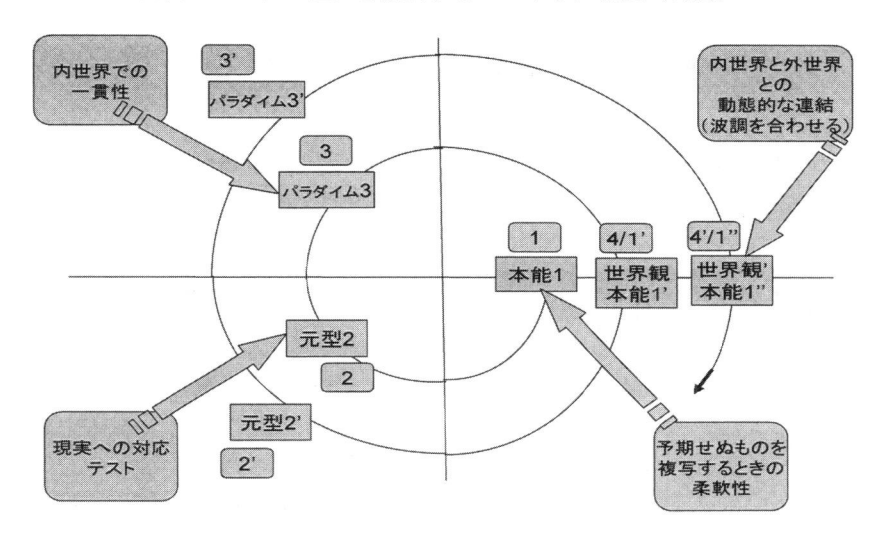

図表3-16　フェーズ1～3の全体構造（再掲）

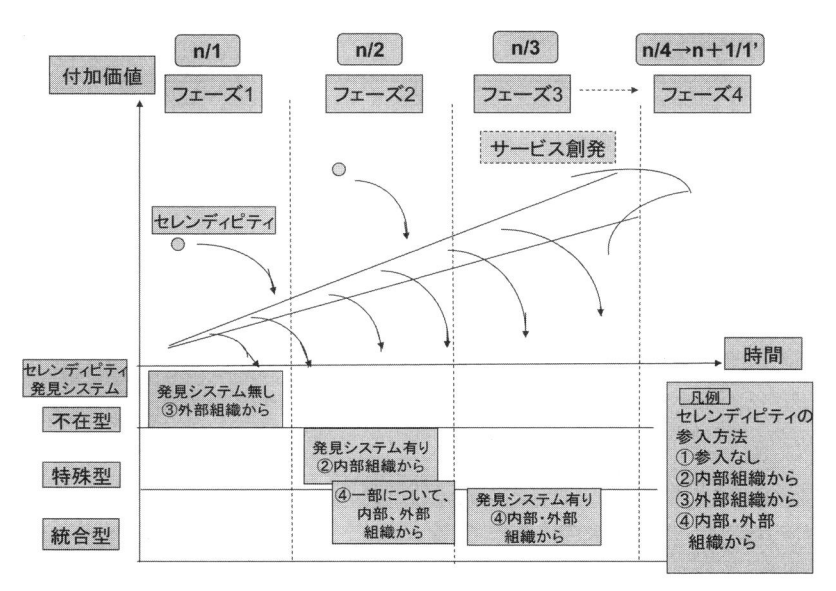

ある。方法は第一に、共同体内部、複数共同体間で参加者の混沌の状態を通して、接触面の増量をする。第二に、手作り感のある仕事を参加者が手足を動かして創れる環境を整備する（参考：図表3-7）。この整備には時間がかかるが、参加者の自主的提案能力が養われる。

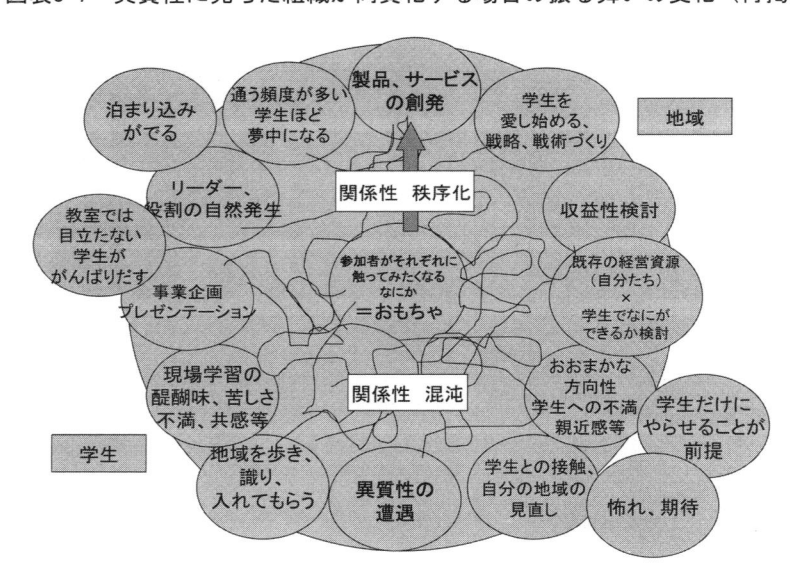

図表3-7　異質性に充ちた組織が同質化する場合の振る舞いの変化（再掲）

3　自己触媒機能の活性化を導く仕組み

　参加者全員が相互に自己触媒となる仕組みを発展させるには、共同体の内部に限定された経営資源の組み合わせでは限界がある。複数の共同体が資源の相互利用をすることで経営資源を循環させる仕組みを創ることが求められる。その促進に向けて次の４段階が必要となる。
　第一に、連携した複数の共同体の間の共通便益を大きく意味化する。第二に、参加する共同体がそれぞれの発想で、共通便益を各組織の便益となるサービス機能へと転換する。そのために独自性のある人的資源の組み替

まとめ　学習する共同体の経営指針

図表5-5　共同体のネットワークモデル（再掲）

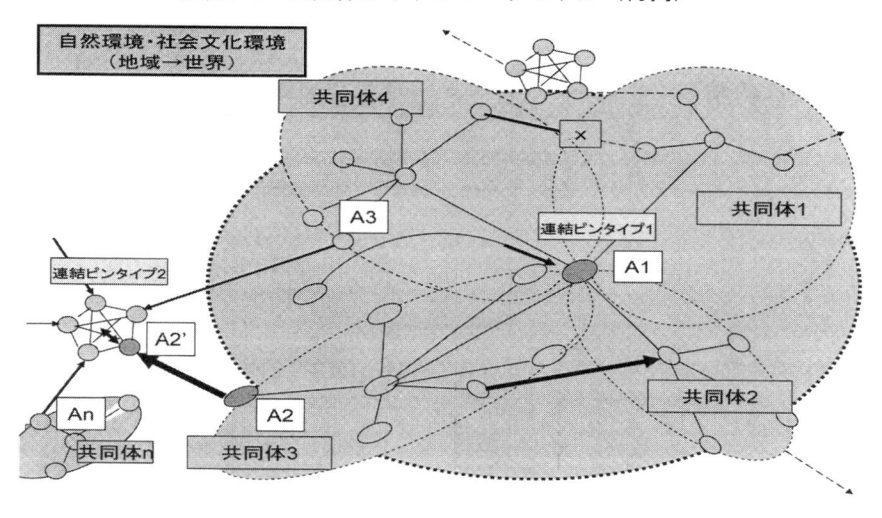

図表5-6　時間軸と空間軸でとらえた共同体組織の進化モデル（再掲）

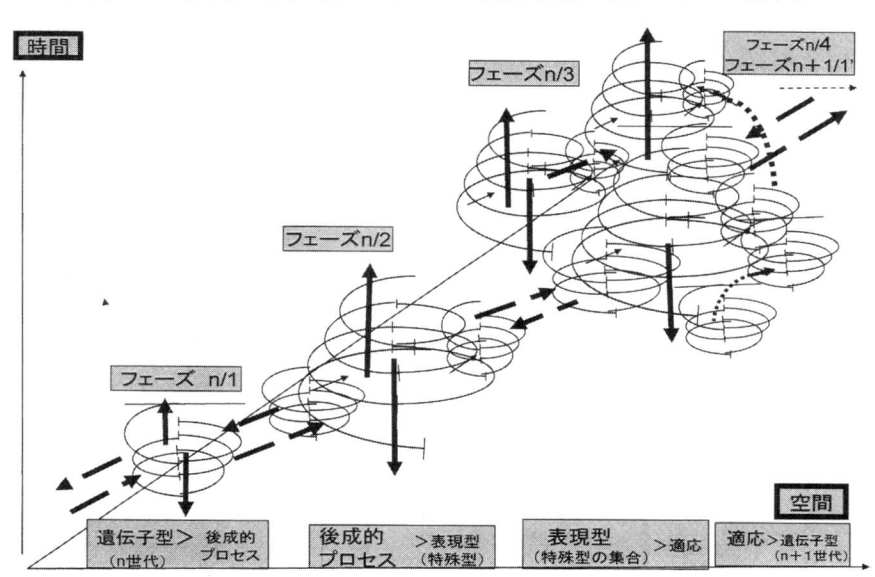

えを促進する小地域的なセレンディピティ発見システムを構築する。第三に、仕組みの共有化を繰り返す。第四に、結果的に無数の拠点が常に変容しながら連結し続ける、大地域的な棲み分け構造としてのセレンディピティ発見システムが創りだされる。これがオンリーワン・プラットフォームの創発である（参考：図表5-5、図表5-6）。

【引用文献】

Barnard, C. I., *The Functions of the Executive*, Havard University Press, 1966, p.86.

Bilton, C., *Management and Creativity : from Creative Industries to Creative Management*, Blackwell Publishing, 2007, p.63, pp.125-126.

Dees, J. G., "ENTERPRISING NONPROFITS" *in Harvard Business Review*, *January － february*, Graduate School of Business Administration, 1998, pp. 55-67.

Dees J. G., "The Meaning of 'Social Entrepreneurship'", Kauffman Center for Entrepreneurial Leadership, Ewing Marion Kauffman Foundation and Miriam and Peter Hass Centennial Professor in Public Service, Graduate School of Business, Stanford University, 1998, p.6.

Enis, B. M., Roering, K. J., "Service Marketing : Different Products Similar Strategy" *in Marketing of Services*, American Marketing Association,1981, p.2.

Follett, M., P., edited by Urwick, L. H., *FREEDOM & CO-ORDINATION- Lectures in Business Organisation- By Mary Parker Follett*, Original edition published by MANAGEMENT PUBLICATIONS TRUST, Ltd., London, 1949. pp.16-34.

Follett, M. P., *Dynamic Administration : The Collected Papers of Mary Parker Follett*, edited by Metcalf, H. C., Urwick, L., Routedge, 2003, pp.30-31, 38-40, 45-49, 150-53, 95-116, 132-145, 174-180, 183-210, 180, 196-200, 267-269.

Jantsch, E., *The Self-Organizing Universe*, Pergamon Press Ltd., 1980, （芹沢高志, 内田美恵訳『自己組織化する宇宙』工作舎, 1986年）, pp.8-9, 20-27, 50-53, 55-74, 90-102, 117-120, 130-131, 161-172, 203-206, 210-211, 227, 238, 300, 307-308.

Kilduff, M., Tsai, W., "Net work Trajectories : Goal directed and Serendipitous Processes" *in Social Networks and Organizations*, SAGE Publications LTD, 2003, pp.87-88, 100-104.

Lovelock, C. H., Langeard, E., Bateson, J., Eigler, P., *Service Marketing : New Insights from Consumers and Managers*, Marketing Science Institute, 1981, p.340.

Mintzberg, H., "The Strategy Consept 1: Five Ps For Stretegy" *in Carifolnia Mangement review, Vol 30 , No1, Fall*, ABI/INFORM Global, 1987, p14.

Nassehi, A., "organization as decision maschines: Luhmann's theory of organized social systems" *in Contemporary Organization Theory*, Blackwell Publishing, 2005, pp.178-190.

Perry-Smith, J. E., Shalley, C. E., " THE SOCIAL SIDE OF CREATIVITY : A STATIC AND DYNAMIC SOCIAL NETWORK PERSPECTIVE " *in Academy of Management Review, Vol 28, No.1., January*, Academy of Management, 2003, ,pp. 95-99, 101-102.

Simon, H. A., *The New Science of Management Decision*, Pretice-Hall, Inc. , 1977, p.31.

Tichy, N. M., *Managing Strategic Change*, John Wiley & Sons, 1983, pp.70-71.

Waddington, C.H., "The Theory of Evolution Today" *in Beyond Reductionism*, edited by Koestler, A. and Smythies, J.R., HUTCHISON & CO LTD, 1972, pp.362-365.

コミュニティスタジオ事業評価委員会「コミュニティスタジオ『ハートらんど富士見』事業報告書」コミュニティスタジオ 事業評価委員会，2008年、 21〜29頁。

クニール，G.，ナセヒ．A.，舘野受男、野崎和義訳『ルーマン 社会システム理論』新泉社，1995年、37〜185頁。

デュルケーム，E.，井伊玄太郎訳『社会分業論 下』講談社，1989年、13〜47頁。

バーニー，J. B.，岡田正大訳『企業戦略論 競争優位の構築と持続（上）』ダイヤモンド社，2003年、242〜245頁。

フォレット，M. P.，アーウイック，L. 編、藻利重隆解説、斉藤守生訳『フォレット経営管理の基礎―自由と調整』ダイヤモンド社、1963年、207頁。

プリゴジン，I.，小出昭一郎、安孫子誠也訳『存在から発展へ』みすず書房，1984年、24、29〜32、82頁。

プリゴジン，I.，スタンジェール，I.，伏見康治、伏見譲、松枝秀明訳『混沌からの秩序』みすず書房，1987年、1〜25、10、27〜37、47〜48、125〜127、193、201、207、241、298〜299、240〜241頁。

プリゴジン，I.，安孫子誠、谷口佳津宏訳『確実性の終焉』みすず書房，1997年、11、66〜68、48〜75、90、101頁。

ホワイトヘッド，A. N.，平林康之訳『過程と実在 2』みすず書房、1983年、415〜516頁。

ユング，C.，G.，パウリ，W.，河合隼雄，村上陽一郎訳『自然現象と心の構造―非因果的関連の原理』海鳴社，1997年、94〜122頁。

リッツア，G.，正岡寛司訳『マクドナルド化の世界』早稲田大学出版部，2003年、6頁、68〜69頁。

ルーマン，N.，佐藤勉監訳『社会システム理論（上）』恒星社厚生閣、1993年、36〜43頁。

レイポート，J. F.，スビオクラ，J. J.，「情報がビジネスをつくる『空間市場』」『ダイヤモンド・ハーバード・ビジネス』ダイヤモンド社、1995年2-3月号、81〜92頁。

引用文献・参考文献

レーブ, J., ウェンガー, E., 佐伯胖、福島真人訳『状況に埋め込まれた学習』産業図書、1993年、15～19、110頁。
ワイク, K. E., 遠田雄志訳『組織化の社会心理学』文眞堂、1997年、190, 172～203頁。
浅井慶三郎『サービス業のマーケティング管理』同文館、1989年、64、71、271頁。
東徹「マーケティング論におけるサービス概念と位置づけについて」『喜多見大学論集 第38号』1997、30～31頁。
池内了『泡宇宙論』早川書房、1995年、153～155頁。
今井賢一「ネクサス―知識プラットフォームをネクサスの基盤とするには？」『一橋ビジネスレビュー』2006年夏号、東洋経済新報社、2006年、110～111頁。
今西錦司『生物社会の論理』平凡社、1994年、100～145頁。
川喜田二郎『ひろばの創造』中公新書、1977年、63～99頁。
川喜田二郎『川喜田二郎著作集 第8巻 移動大学の実験』中央公論社、1997年、411～560頁。
小金井市商工会「第7回黄金井名物市開催事業報告書」小金井市商工会、2008年、18～85頁。
財団法人東京都中小企業振興公社「商学公連携による商店街・商業地域活性化調査報告書」財団法人東京都中小企業振興公社、2006年、22～45頁。
澤泉重一『偶然からモノを見つけ出す能力』角川書店、2002年、12頁。
嶋口充輝『顧客満足型マーケティングの構図』有斐閣、1994年、66～73頁。
杉山武彦「一橋大学ホームページ」「本学の課題と取り組みの方向性（学長声明）」http://www.hit-u.ac.jp/guide/charter/policy.html, 2009年5月6日。
田中宏『社会と環境の理論』新曜社、1998年、37、227～245頁。
辻朋子「サービスコミュニティの設計―生活領域を有機的に設計する視点から」『日本経営診断学会論集6』同友館、2006年、17～21頁。
辻朋子「サービスコミュニティのデザインにおける理論化への試み―生活領域の有機的な経営概念とその必然性」『日本経営診断学会論集7』同友館、2007年、26～37頁。
辻朋子「自己設計化する共同体―散逸構造と触媒機能の視点からの考察」『神奈川大学大学院経営学研究科 研究年報 第12号』神奈川大学大学院経営学研究科、2008年3月、3～14頁。
辻朋子「未来を創る」『如水会会報』社団法人如水会、2008年10月号、3～4頁。
東京都商工会連合会「商学公連携事例調査報告書」東京都商工会連合会（調査委託：亜細亜大学地域産学公連携推進室）、2007年、3～41、59～75頁。
東京都商工会連合会「多摩地域における商学公連携事例の調査研究」東京都商工会連合会（調査研究委託／報告書執筆：中小企業診断士 辻朋子）、2008年、3～52頁。

沼上幹「やさしい経済学―経営学のフロンティア　経営戦略論の系譜と本質」日本経済新聞、2009年4月3日。

林大樹「日本企業による労働意識統合の現段階」,編者代表　渡部治『変貌する＜企業社会＞日本　一橋大学大学院社会学研究科先端課題研究１』旬報社、2004年、234頁。

林大樹「日本的経営と米国型とのバランスをとれ」『エコノミスト』毎日新聞社,2007年 2月13日号、46～49頁。

林大樹・辻朋子「学生のまちづくり活動によるソーシャル・イノベーション」『一橋ビジネスレビュー　2009年夏号』東洋経済新報社、2009年、55～59頁。

日高敏隆『生物多様性はなぜ大切か？』地球研叢書、2005年、12～13頁。

武蔵野市商店会連合会「ふじみ100人プロジェクト報告書 第１期前半（2003年10月６日～2004年1月31日）」、武蔵野市商店会連合会（調査研究委託／報告書執筆：中小企業診断士　辻朋子）、2004年、1～69頁。

渡辺孝「ソーシャル・イノベーションとは何か」『一橋ビジネスレビュー　2009年夏号』東洋経済新報社、2009年、14～25頁。

【参考文献】

Antonacopoulou, E. P., "On the Practice of Practice : In-tensions and Ex-tensions in the Ongoing Reconfiguration of Practices" *in The SAGE handbook of New Approaches in Management and Organization*, SAGE Publications Ltd., 2008.

Donnelly, J. H. Jr., Gibson, J. L., Ivancevich, J. M., *FUNDAMENTALS OF MANAGEMENT*, Richard D. Irwin, 1990.

Fred, L., *ORGANIZATIONAL BEHAVIOR*, McGraw-Hill Book Co., 1989.

Kotler, P., *Marketing Management, 6th ed*, The Prentice-hall International, 1994.

Levitt, T., *The marketing Imagination*, Free press, 1986.

Malone, T., *The Future of Work*, Harvard Business School Press, 2004.

Miner, J. B., *The Management Process Theory, Research, and Practice*, The Macmillan Company, 1973.

Schegloff, E. A., *Between Micro Macro Context and Other Connections : The Micro Macro Link*, edited by Alexander, J. C., Luhmann, N., University of California Press, 1987.

Vroom, V. H., *Work and Motivation*, Wiley & Sons, 1964.

アシュビー、W. R.、篠崎武、山崎英三、銀林浩訳『サイバネティクス入門』宇野書店、1967年。

アレクザンダー、J., 他, 石井幸夫、内田健他訳『ミクローマクロ・リンクの社会理

論』新泉社、1998年。
ヴルーム, V. H., 坂下昭宣訳『仕事とモティベーション』千倉書房、1982年。
カウフマン, S., 米澤富美子監訳『自己組織化と進化の論理 宇宙を貫く複雑系の法則』日本経済新聞社、1999年。
ハメル, G., 鈴木主悦、福嶋俊造訳『リーディング・ザ・レボリューション』日本経済新聞社、2001年。
ハメル, G., プラハラッド, K., 一條和生訳『コアコンピタンス経営』日経ビジネス文庫、2001年。
バレット, R., 斉藤悟訳『バリュー・マネジメント』春秋社、2005年。
ビーア, S., 宮沢光一監訳『企業組織の頭脳―経営のサイバネティクス』啓明社、1987年。
ビアス, A., 西川正身選訳『悪魔の辞典』岩波書店、1964年。
モラン, E., 古田幸男、中村典子訳『複雑性とはなにか』国分社、1993年。
ルーマン, N., 土方昭訳『社会システムと時間論』新泉社、1986年。
レビット, T., 土岐坤訳『マーケティングイマジネーション』ダイヤモンド社、1984年。
ロバーツ, R. M., 安藤喬志訳『セレンディピティー』化学同人、1993年。
池内了監修・執筆『宇宙』小学館、2004年。
海老澤栄一『組織進化論』白桃書房、1992年。
海老澤栄一『地球村時代の経営管理』文眞堂、1999年。
川喜田二郎『続・発想法』中公新書、1970年。
北原貞輔『経営進化論』有斐閣、1990年。
榊原清則『企業ドメインの戦略論』中公新書、1992年。
田村明『まちづくりの発想』岩波新書、1977年。
田村明『都市ヨコハマをつくる』中公新書、1983年。
田村明『まちづくりの実践』中公新書、1999年。
辻朋子『サービスコミュニティのデザイン』白桃書房、2005年。
辻朋子『サービスはこころでする』同友館、2006年。
辻朋子「自己組織化する共同体―ゆらぎがもたらす閾値突破」2008年度博士論文（神奈川大学大学院経営学研究科）、2008年。
辻朋子「幸せなコミュニティモデルの創出―ものづくりの支援を通したサービス機能の可視化を基盤にして」『日本経営診断学会論集8』同友館、2009年。
前川正雄『モノづくりの極意、人づくりの哲学』ダイヤモンド社、2004年。
宮永博史『セレンディピティ』祥伝社、2006年。
渡辺京二『逝きし世の面影』平凡社ライブラリー、2005年。

索引

あ行

あいまい性 *46,57,168*
遊び心 *4*
在る(being) *126*
泡構造 *163*
閾値 *7,27,48,61,128,159,171*
閾値突破 *7,53,61,128,159,171*
異質性 *8,44,68,180*
一体感 *1,8,57,108,166,177*
意図的戦略 *70*
遺伝子型(genotype)空間 *69,163*
移動大学の実験 *2,8,58,68,162*
イナクト(en-act) *55*
イナクトメント(enactment) *55*
イノベーション *53,119*
インターナルマーケティング *158*
インフォーマル *47,168*
インフラストラクチャ *140*
受け手 *18,27,136,145*
宇宙 *2,9,23,64,129,163,171*
宇宙進化 *9,30,66*
宇宙生成 *11,25,163*
裏舞台 *148*
営利組織 *8,60*
エクスターナルマーケティング *158*
演繹法 *15*
エントロピー *9,24,130*
エントロピーの法則 *9*
送り手 *27,145*
驚き *11,26,154*
おもちゃ *82,166*
表舞台 *148*
オンリーワン *1,7,112,160,175,177*
オンリーワン・プラットフォーム *7,114,160,175,177*

か行

ガイア *11*
学習する共同体 *177*
革新性 *43,121,168*
過去 *64,125,155*
可視化 *3,57,136,148*
可視サービス *136*
課題解決 *3,7,28,68,128,162,173*
カップリング *48*
過程 *8,25,45,69,128,146,173,177*
可能性 *7,37,45,60,125,156,173*
環境 *8,24,44,66,123,133,144,171,180*
関係性 *17,28,43,64,126,144,177*
機械論的人間観 *46*
企業 *8,38,44,60,144,177*
既存性 *13,25,41,59,128,144,173*
既存度 *20,28,128*
期待 *7,38,49,74,135,153,173*
期待感 *2,38,174*
機能 *7,25,54,59,125,145,174,177*
帰納法 *15*
供給者起点 *136*
強固な結束(strong ties) *48*
共時性 *18,70,132,161*
共振 *56,83*
共生(symbiosis) *8,30,48,74,136,146,171*
競争戦略 *7,147*
競争分析 *178*
共通課題 *9,82,174,178*
共通便益 *181*
協働 *14,37,45,60,139,143,171*
共同体 *1,7,16,23,41,59,131,143,171, 172,177*
協働の科学 *14,118,143*
共鳴 *54,107,175*
共鳴行動 *107*

協力関係　145
均衡状態　53,131,160
均衡体系　35,173
空間　18,25,45,63,128,155,172,181
空間軸　163
空間的対称性　64
偶然　29,48,70,134,166
偶然の必然化　53,73,166
草の根型　19,53,119
繰り返し　3,9,23,44,64,128,150,173
繰り返す　15,45,66,133,151,173,182
グローカル　11,114
グローカル・ハブ　114
経営　2,9,38,59,139,143,171,177
経営資源　1,69,139,147,177
計画されたネットワーク
　（prescribed network）　47,130
契機　10,23,53,72,125,143,171
経験　10,31,55,60,125,153,173
経済価値　60
経済的成果　60
現在　40,66,129,150,178
建設的干渉　58,133
建設的対立　144
健全性　15,29,151,177
原理　2
交換　18,24,45,79,137,146,171
公器　115
貢献　4,14,50,60,136,144
後成的（epigenetic）空間　69,163
合理性追求モデル　37
小金井市商工会ビジネスコンテスト
　活用実験　18,68,126
顧客（customer）　148
顧客起点　89,136
互恵　1,7,146,173
"心"　1,7,31,52,72,146,171,178
コミュニケーション　30,52,72,136,
　146,172
ゴール　43,58,177
コロニーの心　34

コンテクスト　43,88,140
コンテンツ　140
混沌　2,13,27,72,127,180
コンミューン　82

さ行
再創造　45,66,173
サービス　1,11,26,48,60,125,141,171,
　177
サービスエンカウンター
　（service encounter）　155
サービスオペレーション・システム　149
サービス機能　13,28,76,125,146,174,
　180
サービス組織化経営　2
サービス提供組織　149
サービスビジネス　37,148
サービスマーケティング・システム　149
散逸構造　9,23,57,64,125,143,163,171
時間　17,24,43,61,125,150,173,180
時間軸　30,54,163
時間的対称性　64
時間の矢　128,150,173
刺激－反応型
　（stimules-response pattern）　61
自己触媒（autocatalysis）　29,73,127,
　155,177
自己創出構造　20,23,48,128,159
自己創出性　13,23,41,128
自己組織化　7,23,48,61,125,143,171
自然環境　8,29,98,133,153
持続可能性　37,97,139
持続的競争力　139
実験　2,8,34,58,59,125,145,171
実現した戦略　72
実用情報　13,26,79,130,155,171
市民性　14
使命感　14,115
社会　3,8,23,41,59,126,144,171,177
社会進化　45,66,140
社会心理学　55,147

索　引

社会性　*9,31*
社会生物進化　*30*
社会組織　*8,43,60,144*
社会的使命　*60*
社会文化環境　*8,29,98,133,153*
社会文化進化　*31*
収益性　*9,60,144*
集団の力学　*18,128,132,173*
周辺の位置づけ (peripheral network position)　*51,108,130,160*
縮減　*12,174*
循環　*97,139,151,180*
商学公市民連携ビジネス　*14,59*
小地域的　*35,182*
触媒　*9,28,54,59,126,143,174,177*
触媒ループ　*18,127*
進化　*2,8,23,41,59,126,143,171,178*
進化行動　*19,143*
進化的連結　*120*
進化プロセス　*67,163*
進化論　*12,45,69,171*
新奇性　*13,25,41,59,128,144,173*
慎重に検討した戦略　*72*
人的資源　*93,120,178*
スパイラル　*17,52,63,131,160,179*
スパイラルモデル　*3,52,63,160*
棲み替え　*36*
棲み分け　*7,35,61,172,182*
生活者　*59,136*
生成物 (products)　*11,31,133,146*
生態学的変化　*55*
生態系　*14,31,144,173*
生態系サービス (ecosystem service)　*151*
生命　*2,8,23,66,137,171*
生命圏　*11,37*
世界観　*10,39,65,140*
世界循環器　*114*
世界ひろば棲み分け実験　*18,68*
接客担当者 (contact personnel)　*148*
セレンディピティ (serendipity)　*3,* *17,27,41,61,126,160,174,177*
セレンディピティ指向型ネットワーク (serendipitious network)　*17,41,130*
セレンディピティ発見システム　*18,* *63,126,161,174,182*
セレンディピティ発見システム「統合型」　*18,68*
セレンディピティ発見システム「特殊型」　*18,68,126*
セレンディピティ発見システム「不在型」　*18,68,126,161*
セレンディピティ発見システム「普遍型」　*18,69*
選択　*45,59,134,148*
相違 (difference)　*144*
相関　*17,24,84,134*
遭遇　*2,15,39,58,61,147*
相互作用 (interaction)　*4,8,30,52,64,* *132,146,173*
相互刺激　*18,34,83,166,172,178*
相互触媒 (crosscatalysis)　*29,73,87,* *127*
相互進化　*17,107,137,159*
相互尊重　*145*
相互的人間交流活動　*137,150*
総合地域サービス　*89,159*
相似　*2,53,68,163*
創出　*8,23,41,128,156*
創造　*1*
創造性　*8,49,67,128,160*
増分型　*120,167,177*
増分型の革新 (incremental change)　*120*
組織　*7,23,41,58,59,125,143,171,177*
組織化　*2,7,23,48,61,125,143,171,177*
組織の心　*34,52,79,132,157,174*
組織能力　*69,147,178*
ソーシャル・イノベーション　*54*
ソーシャル・ビジネス　*60*
創発　*2,8,23,41,60,125,143,171,177*
創発型ネットワーク

（emergent network） 47,130
相補性 13,25,45,61,140,143,172
相補的 20,39,45,126

た行

体験学習 60
第三の解 3,8,112,143
大地域的 35,182
戦い（conflict） 144
多摩ひろば棲み分け実験 18,68
地域経営 73
知恵 7,60,172
知恵創発中心教育 60
知識伝達中心教育 60
秩序 9,24,58,80,127,143
中核集中構造 46
中間支援者 3,9,115
中間媒介者 15,61,166
中心的位置づけ（central network position） 51,108,160
躊躇−選択型（heri-tation-choice pattern） 61
通時性 161
つながり 1,46,87,160,173,178
定性的 116
適応（fitness） 69
適応空間 163
電子市場 139
統合 1,7,19,33,41,60,131,143,171,177
統合型 18,68
同心円モデル 136
同質性 61
闘争のアリーナ 44,139
淘汰 55
動態的 39,57,60,143
動態的戦略論 70,92
動揺 45,66
特殊型 18,68,126
突発的戦略 70

な行

成る（becoming） 126
人間環境キーステーション 102
人間性回復 10,39,45,61,136
人間性回復社会 12,39,45,61,136
人間性喪失 8,45
人間性喪失社会 8,45
認識領域 4,19,32,105,172
ネットワーク 17,41,59,125,147,171,181
熱力学の第二法則 20,24,129
能率 145
能力（capacity） 167

は行

"場" 1,9,45,60,125,143,171
破壊 44,66,160,173
パラダイム 45,65
非営利組織 8,60
ヒエラルヒー 66,122
非中核構造 48
ビッグバン 64
必然 41,70,126,166
ヒト 1,8,23,48,60,125,143,171,178
非平衡 20,24,64,126
ヒューマンビジネスの設計 154
表現型（phenotype）空間 69,163
表層機能 156
表層サービス 156
ひろば 8,58,59,125,157,174
ひろば創造実験 8,58,59,125,157,174
ヒーロー型の革新 19,121,167,168,177
ヒーロー型 19,53,119,167,177
不可逆性 126
不可視サービス 136
不在型 18,68,126,161
物的環境施設（physical support on environment） 148
普遍型 18,69

索　引

プラットフォーム　1,7,114,125,143,175,177
プラットフォーム・ビジネス　1
プロセス　1,7,25,42,66,128,146,171,177
分岐　95,133,148
分岐点　102,133
分業　38
平衡　9,24,64,126,163
便益の束 (bundle of benefits)　18,135
ベンチャー甲子園　106
奉仕　145
包摂　3,7,164
保持　55,136
ポジショニング・ビュー　147
保守性　43
本質機能　155
本質サービス　155
本能　59

ま行

マクドナルド化社会　37,38
マクロ　11,24,64,153
まれな育種　119,168,177
ミクロ　11,24,64,165,179
ミクローマクロ・リンク　12,165
未実現戦略　70
ミレニアム生態系アセスメント　152
未来　2,7,35,64,125,163,175
魅力　1,38,101,174
武蔵野市多目的スペース活用実験　18,67,126
目的追究型　177
目的追究指向型ネットワーク (goal-directed network)　17,41,130
目的追究行動　46
元型　65
模倣困難性　139
問題解決型　60
問題探索型　19,168,177

や行

やる気　15,80
勇気　4
有機体　37,54,72
融合　32,141
ゆらぎ　1,7,23,46,59,125,143,172
ゆるやかな結束 (weak ties)　48
要素還元主義　10,37
予測可能社会　173
予測可能性　10,37,45,60
予測不可能　2
予測不可能社会　173
予測不可能性　10,37,45,60,125

ら行

羅針盤　9,177
らせん　3,63
リソース・ベースド・ビュー　147
理論　8,23,61,125,143
臨界規模　8,59
連環　19,26,53,72,146,175
連環プロセス　19,72,154,175
連携　1,7,44,59,161,175,178
連携型大学モデル　115
連結　7,23,44,66,131,161,173,182
連結性　9,25,66
連結点　7,52,114
連結ピン　54,162
連想領域　117,140,143
連帯感　15,82
ローカル　11,111

★

DHI (dyadic human interaction)　154
KJ法　62

著者略歴

辻　朋子（つじ　ともこ）
中小企業診断士、一橋大学大学院社会学研究科市民社会研究教育センター・プロジェクト研究員、武蔵野大学客員教授。

一橋大学法学部卒業、同社会学部卒業。三國事務所財務アナリスト。2003年より東京女学館大学非常勤講師を兼務し、商学公市民連携ビジネスの組織間連携を支援。2006年より一橋大学経営協議会委員、同学長選考会議委員、如水会監事、一橋大学後援会評議員として、一橋大学改革の組織間連携を支援。2009年神奈川大学大学院経営学研究科博士課程修了（経営学博士）。
専門はサービス研究。組織化研究。
主著：『小さな会社の事業計画作成の手順』（大和出版、2000年、中国語版2007年刊行）、『中小企業診断士になろう』（インデックス・コミュニケーションズ、2001年、新版『新・中小企業診断士になろう』2006年刊行）、『サービスコミュニティのデザイン』（白桃書房、2005年）、『サービスはこころでする―マニュアルをちょっとはみだして「サービス上手」になるためのたくさんのお話』（同友館、2006年）

サービス組織化経営論
――オンリーワン・プラットフォームの創発――

2010年3月31日　第1刷発行

著　者

辻　朋子

発行所

㈱芙蓉書房出版
（代表　平澤公裕）
〒113-0033東京都文京区本郷3-3-13
TEL 03-3813-4466　FAX 03-3813-4615
http://www.fuyoshobo.co.jp

印刷・製本／モリモト印刷

ISBN978-4-8295-0480-2

【芙蓉書房出版の本】

マーケティング戦略論
原田　保・三浦俊彦編著　本体 2,800円

〈既存のマーケティング戦略研究の理論〉と〈現実のビジネス場面でのマーケティング実践〉……この橋渡しとなる実践的研究書。各章とも、「既存の主要研究のレビュー」「独自の戦略体系の提示」「実際のケースで有効性を検証」の3節で構成。
【主な内容】マーケティング戦略とは何か（原田保・三浦俊彦）／ドメイン（太田幸治）／競争地位別戦略（赤岡仁之）／CS（江戸克栄）／CRM（東利一）／ブランド戦略（三浦俊彦）／価格戦略（久米勉）／IMC（熊倉広志）／SCM（石川和男）／サービス・マーケティング（小木紀親）／ソーシャル・マーケティング（芳賀康浩）／グローバル・マーケティング（丸谷雄一郎）／インターネット・マーケティング（青木茂樹）／経験価値マーケティング　（広瀬盛一）

経営戦略の理論と実践
小松陽一・高井　透編著　本体 2,800円

「戦略」「経営戦略」という用語と複雑な経営戦略現象とを架橋しし、より生産的な経営戦略の教育と実践の実現を追求する。経営戦略論の代表的な分析パラダイムから、戦略オプションごとの事例解説、考察まで重層的な構成。
【主な内容】経営戦略とは何か（小松陽一）／経営戦略の意義（松﨑和久）／戦略ドメインの形成（福永晶彦）／戦略の階層論（日夏嘉寿雄）／ポジショニング論（清水さゆり）／資源ベース論の理論的変遷（高井透）／知識と学習の戦略（山田敏之）／事業の創造（吉村泰志）／多角化戦略（山田敏之）／事業変革（小松陽一）／競争戦略（松﨑和久）／子会社能力を活かすグローバル戦略（高井透）／ネットワーク戦略（福永晶彦）

トリプルヘリックス
大学・産業界・政府のイノベーション・システム
ヘンリー・エツコウィッツ著　三藤利雄・堀内義秀・内田純一訳　本体 2,600円

イノベーション・システムの普遍的なモデル「トリプルヘリックス」という概念を基に、イノベーションの創造と普及推進のために大学、産業界、政府が果たすべき役割と相互の関係を明らかにする。米国、ヨーロッパや南米の動向が詳しく書かれているのが特徴。原著は2008年の刊行後、世界各国の言語に翻訳されている話題の書。経営戦略・技術戦略の計画立案者、技術移転やインキュベータ施設の運営責任者、イノベーションや技術経営の専門家・実務家必読の書。

顧客が部族化する時代のブランディング
原田　保・片岡裕司著　本体 1,800円

ブランドがコモディティ化（日用品化）してしまう時代、企業はどうやって生き残るのか？　変化の激しい時代では、企業と顧客がブランドを共に創造する関係が求められている。カルチャー・志向性を共有する集団＝「部族」という概念で、20の事例からブランドを読み解く。